Hans-Jürgen Siems

Das verflixte Komma

Übungsheft zur Zeichensetzung

Ernst Klett Sprachen
Barcelona Budapest London Posen Sofia Stuttgart

Das Komma bei Aufzählungen

„Erstens, zweitens, drittens, ...“——„... und ... und... und...“
Aufzählen kann man alles und jedes. Aufzählen ist nur einer einzigen Bedingung unterworfen: Die Teile einer Aufzählung müssen – irgendwie – von gleicher Art sein.
Wie es um die Kommasetzung zwischen den Teilen einer Aufzählung bestellt ist, wissen Sie doch...? Wenn nicht, schlagen Sie bitte Seite 26 dieses Heftes auf! Dort stehen, kurzgefasst, alle einschlägigen Regeln und Ratschläge für die Kommasetzung. Die Aufzählungsregel hat die Nummer 1a.
Und nun viel Erfolg beim Üben!

1. Ein tolles Spielzeug: der ferngesteuerte Geländewagen mit Allradantrieb

Aufzählung unverbundener Teile

Setzen Sie bitte die Kommas zwischen Aufzählungsteilen:

... Steigleistung 48 %. Extrem starke Hochleistungs-Motorwinde, mit der sich das Fahrzeug selbst senkrecht hochziehen kann. Abgekapselte Getriebebox zwei Geschwindigkeiten Zweiganggetriebe Frontscheinwerfer Rammschutz vorne und hinten arretierbare Pendelachse Luftprofilreifen Digital-Funkfernsteuerung. Feintrimmung am Sender. Anschlussbuchse für Ladegerät. Länge ca. 29 cm. Batteriebedarf: 4 NC-Akkus vom Typ Baby und 1x9-V-Block für Sender.

2. Ein paradiesisches Auto

Aufzählung unverbundener Teile

Setzen Sie bitte wiederum die Kommas zwischen Aufzählungsteilen:

... Nicht paradiesisch nackt, sondern paradiesisch ausgestattet mit Fünfganggetriebe Nebelschlussleuchte getönten Scheiben rundum elektronischer Kennfeldzündung höhenverstellbarem Lenkrad umklappbarer Rücksitzbank Leseleuchte Teppichen. Motto: Wer die Umwelt schont, wird mit Luxus belohnt! – Ins Steuerparadies begleiten Sie null Anzahlung 3,9 % effektiver Jahreszins Zahlung in 24 bis 36 Monatsraten.

3. Bücher, Bücher!

Aufzählung mit und ohne „und“-Verbindungen

Setzen Sie die fehlenden Kommas:

a) ... In diesem faszinierenden Text- und Bildband erleben Sie auf 332 brillanten Farbfotos die Geburt des Delphins beobachten die Paarungsrituale des Albatros den Begattungsakt der Gottesanbeterin lüften das Geheimnis der Tierwanderungen studieren die Jagdmethoden der Tarantelwespe und viele weitere Geheimnisse der Säugetiere Reptilien Fische Insekten Amphibien und wirbellosen Tiere...

b) ... Diesen Atlas haben Sie sich schon lange gewünscht! 78 000 Ortsnamen bürgen für eine erschöpfende Ausführlichkeit. Dazu Erläuterungen der schönsten Reiseziele Stadtpläne und Autobahnkarten Spezialkarten über Naturparks Karten über Europa und Extrakarten der Alpenländer...

c) ... Jeder Band ist in farblich abgestimmtes Feinleinen gebunden hat eine mattgoldene Rückenprägung und ist von einer klaren bedruckten Schutzfolie umhüllt. Das holzfreie elfenbeinfarbene Papier sorgt für hohe Lesbarkeit die Fadenheftung und das Leseband sorgen für lange Haltbarkeit der Bücher...

d) ... Heiteres und böser Spott Witziges und derber Spaß Lustiges und Närrisches Stilblüten und Kindermund von Wilhelm Busch Christian Morgenstern Grimmelshausen Kurt Tucholsky Georg Kreisler Heinz Erhardt Ludwig Thoma und vielen anderen sind hier versammelt. Alle Geschichten erzählen mit viel Humor nur Allzumenschliches. Ganzleinen, 344 Seiten, mehr als 100 farbige Illustrationen.

4. Großmaul und Giftzahn (I)

Aufzählung mit und ohne „und / oder"-Verbindungen

Setzen Sie die fehlenden Kommas:

Mehr als warnen wollte wohl auch jene Stulpnasen-Lanzenotter den neugierigen Besucher der Forschungsstätte La Selva in Costa Rica nicht, der gegen Abend, schon halb schlafend, den schmalen Pfad zu seiner Unterkunft hinabschlenderte: Plötzlich raste ein braun gesprenkeltes Geschoss mit weit aufgerissenem Maul auf seinen Fuß zu streifte fast den großen Zeh und flog mit einem gewaltigen Satz auf die andere Seite des Weges. Dabei ist diese Schlange verdammt giftig und verfehlt ihre Beute nur äußerst selten. Der Schreck saß!

Der Schlegel-Lanzenotter ist keine Frucht zu gelb kein Blatt zu grün, als dass sie sich nicht passend einfärben könnte. An sich ist diese bis zu 60 cm lange Baumschlange gut identifizierbar durch ihren Greifschwanz und die starren Augenwimpern, aber ihre perfekte Tarnung übersehen selbst die aufmerksamen Anoli-Leguane kleinere Vögel oder größere Frösche leicht.

5. Großmaul und Giftzahn (II)

Aufzählungen

Die afrikanische Eierschlange hält strenge Diät. Während der wenigen Monate, in denen Vögel brüten, muss sie genug Eier finden, um für den Rest des Jahres satt zu sein. Mit der Zunge unterscheidet sie angebrütete und frische Kost sammelt vor dem atemraubenden Schlucken genügend Luftvorrat in einem Lungenbeutel sägt das Ei mit verlängerten Wirbelfortsätzen in ihrer Speiseröhre auf und lässt den Inhalt in ihren Magen fließen. Die zerdrückte Schale wird vorsichtig wieder ausgewürgt.

Viele Schlangenarten können ihre Kiefer einzeln bewegen und dadurch ihre Beute in die nötige Schlucklage verschieben. Der Oberkiefer besteht aus beweglichen Knochen und hat kräftige Muskeln. Damit hält sie die Beute und bugsiert sie mit dem Unterkiefer in den Schlund.

Nun kann ein großes Maul zwar gut ein unbewegliches Vogelei schlucken, aber das reicht nicht aus, um ein Tier zu erbeuten, das um sich tritt sich windet kratzt und beißt. Darum stattete die Evolution viele Schlangen mit betäubenden Zusätzen im Speichel als Schluck- oder Verdauungshilfen aus entwickelte bei einem Viertel aller Schlangen ein lähmendes Gift oder verlieh einigen ungeheure Körperkraft, so dass sich selbst ein großes Säugetier nicht aus der Umschlingung befreien kann und schließlich ersticken muss.

6. Großmaul und Giftzahn (III)

Aufzählungen

Bevor Sie diese Aufgaben lösen, lesen Sie bitte Regel 1b *auf Seite 26.*

Schlangengifte gehören zu den kompliziertesten biochemischen Zusammensetzungen. Sie bestehen aus bis zu vierzig Einzelsubstanzen und lassen sich nach ihrer Wirkung in zwei Hauptgruppen unterteilen: Die Nervengifte führen zu Lähmungen des Nervensystems zu Atemnot und Ersticken die Blutgifte zu Blutungen oder Herz- und Kreislaufversagen. Daneben gibt es das in seiner Wirkungsweise noch kaum erklärbare Herzgift einiger Nattern das Nierengift mancher Seeschlangen und das muskelzerstörende Giftgemisch der Grubenotter.

Die zahlreichen Arten der Säugetiere Eidechsen und Frösche Vögel und Fische sehen im Vergleich zu den Schlangen sehr unterschiedlich aus, deren Gestaltenvielfalt trotz der 2700 Arten und der Längenunterschiede von zwölf Zentimetern bis zu fast zehn Metern doch verhältnismäßig gering ist. Wir Menschen machen darum instinktiv keinen Unterschied zwischen den Schlangenarten reagieren mit Furcht und Hass erstarren vor Schreck oder verfolgen sie blindwütig und sehen in ihnen oft die Verkörperung von Arglist Falschheit und Bedrohung. Zu Unrecht!

Weitere Hilfen und Beispiele zum Kapitel „Aufzählungen" finden Sie im Trainingsband „Das verflixte Komma", Lernschritt 6 bis 19.

Das Komma zwischen Hauptsätzen

Ein Hauptsatz drückt einen Gedanken vollständig und verständlich aus. Er wird meistens durch einen Punkt abgeschlossen. In bestimmten Fällen ist es jedoch empfehlenswert, zwei Hauptsätze nicht durch einen Punkt scharf voneinander zu trennen, sondern sie durch ein Komma (oder auch durch ein Semikolon) miteinander zu verbinden. *(Siehe Regel* 2 *auf Seite 26.)*

7. Harmlose Hornissen (I)

Komma statt Punkt zwischen Hauptsätzen

Alle Satzzeichen stimmen! Aber wenigstens zweimal wäre ein Komma besser als der Punkt – wo? Verlängern Sie diese Punkte bitte mit dem Bleistift zum Komma, und sorgen Sie für die Kleinschreibung des folgenden Satzanfanges:

„Sieben Hornissen töten ein Pferd. Bereits drei bringen einen Menschen um." Derlei Aberglaube ist immer wieder zu hören. Er hält aber keiner Überprüfung stand. Selbst mehrere hundert (!) Hornissenstiche der geringelten Stachelträger müssen einen Menschen noch lange nicht ins Grab bringen. Trotzdem fühlen sich viele Menschen von den großen Wespen bedroht. In Wirklichkeit bedroht der Mensch die Hornissen. Sie stehen darum heute auf der „Roten Liste" der in ihrem Bestand gefährdeten Tierarten.

8. Harmlose Hornissen (II)

Komma statt Punkt zwischen Hauptsätzen

Außer den bereits gesetzten Punkten könnte noch an einigen anderen Plätzen ein Punkt stehen; dort aber ist durchweg ein Komma vorzuziehen. Setzen Sie bitte die fehlenden Kommas zwischen Hauptsätzen:

Viele Hornissennester werden zerstört ihre Königinnen werden einfach totgeschlagen. Aus „Ödland" und „ungepflegten" Wäldern werden Ackerland oder Parklandschaften der Lebensraum der imposanten Großwespen geht verloren. Schließlich wirken die immer wieder eingesetzten Insekten-Vertilgungsmittel auch auf die braun-gelben Jäger denn die fressen ja andere Insekten und nehmen dabei die Giftstoffe in hoher Konzentration ein.

Die Staaten der Hummeln und Wespen bestehen nur ein Jahr das gleiche gilt für Hornissenvölker. Im Herbst löst sich die Gemeinschaft auf. Nur die begatteten Königinnen überwintern sie schlummern in der Erde oder in morschen Bäumen dem neuen Jahr entgegen. Die Arbeiterinnen und Männchen gehen mit Einbruch des Winters zugrunde.

9. Harmlose Hornissen (III)

Komma oder Punkt zwischen Hauptsätzen

Hier fehlen alle Punkte oder Kommas zwischen Hauptsätzen! Setzen Sie bitte die fehlenden Zeichen; denken Sie an die Großschreibung des Satzanfangs nach einem Punkt:

Im Frühjahr gründet die Königin ein Nest sie bevorzugt dabei zunächst eine nur kleine Nisthöhle darin herrscht nämlich für die erste Nachkommenschaft ein günstiges Mikroklima aber das Volk wächst unaufhörlich eine größere Wohnung muss her jetzt schwärmen Kundschafterinnen aus sie suchen eine geräumigere Heimstatt emsig fliegen sie zwischen dem alten und dem neuen Nest hin und her endlich macht sich auch die Königin auf den Weg im neuen Nest beginnt sie sofort mit dem Eierlegen das alte sucht sie nie wieder auf.

Weitere Hilfen und Beispiele zur Kommasetzung zwischen Hauptsätzen finden Sie im Trainingsband „Das verflixte Komma", Lernschritt 20 bis 26.

10. Harmlose Hornissen (IV) **Komma vor „und"**

Setzen Sie die fehlenden Kommas. Wo die Kommasetzung freigestellt ist (Regel 13), setzen Sie bitte ein Komma in Klammern (,):

Ein überwinterndes Hornissenweibchen wiegt bei einer Länge von bis zu vier Zentimetern rund ein Gramm und etwa die Hälfte davon besteht aus Fett und anderen Nährstoffreserven. Trotzdem wird vielleicht nur jede zehnte Königin im nächsten Frühjahr ein Volk begründen; denn Pilzinfektionen, Kälteeinbrüche, Nahrungsmangel und insbesondere die gefährliche Nisthöhlensuche kosten viele das Leben. Erst Anfang bis Mitte April verlassen sie ihren winterlichen Unterschlupf und halten Ausschau nach ihren Nistmöglichkeiten und die sind rar; denn morsche und hohle Bäume bleiben nur selten erhalten. Die Königinnen müssen dann Vogelnistkästen, Scheunen oder Dachböden beziehen.

11. Harmlose Hornissen (V) **Komma vor „und", „oder", in Aufzählungen, zwischen Hauptsätzen**

Lesen Sie bitte Regel 13 und setzen Sie danach die fehlenden Kommas, gegebenenfalls in Klammern (,):

Die Eier kleben am Dach der senkrecht nach unten ausgerichteten Wabenzellen im Nest und je nach Temperatur schlüpft die erste Larve fünf bis achtzehn Tage nach der Eiablage. Die weißlichgrauen Maden besitzen keine Beine keine Flügel keine Fühler und auch keine Augen. Dafür verfügen sie bereits über mächtige Kauwerkzeuge dazu über seitliche Wülste, mit denen sich die beiden letzten von insgesamt fünf Larvenstadien in ihren Zellen festhalten, um nicht herunterzufallen.

Der Nachwuchs braucht zum Wachsen und Gedeihen große Mengen an Eiweiß und Kohlehydraten und deshalb gehen die im Außendienst tätigen Arbeiterinnen auf die Jagd. Ihre Beute sind lebende Insekten oder sie sammeln im Dienste der ewig hungrigen Brut den Saft blutender Bäume. Gelegentlich landen sie auch auf Eschen Birken oder Flieder nagen die Rinde kleiner Zweige an nehmen die austretende Zuckerlösung auf und transportieren die süße Fracht nach dem Nest. Später im Jahr bedienen sich die Hornissen dann beim Obst allerdings gehen sie nie an unbeschädigte Früchte. Vielmehr bevorzugen sie aufgeplatzte Früchte oder sie profitieren von der Vorarbeit der kleineren Wespen-Verwandtschaft, die das Obst angenagt hat.

Die Männchen sterben kurz nach der Erfüllung ihrer Paarungspflichten. Die begatteten Weibchen dagegen werden im nächsten Frühjahr ein neues Völkchen begründen, wenn sie nicht erfrieren nicht verhungern und keiner Fliegenklatsche oder einem Insektenspray zum Opfer fallen.

Schädlich sind die Hornissen nicht und gefährlicher als Bienen sind sie auch nicht. Warum soll man die prachtvollen Großwespen also verfolgen oder sie gar an den Rand der Ausrottung treiben? Es gibt keinen vernünftigen Grund dafür.

Weitere Hilfen und Beispiele zur Kommasetzung vor „und" bzw. „oder" finden Sie im Trainingsband „Das verflixte Komma", Lernschritt 27 bis 29

Das Komma zwischen Hauptsatz und Nebensatz

Wodurch sich Hauptsätze von Nebensätzen unterscheiden, insbesondere, woran man einen Nebensatz erkennt, sagt Ihnen Regel 3 *auf Seite 26. Denn: Zwischen Hauptsatz (H) und Nebensatz (N) muss immer ein Komma stehen.*

12. Das Freizeitverhalten der Deutschen hat sich verändert

Nebensätze erkennen und bestimmen

Alle Kommas stehen schon da. Lesen Sie bitte Regel 3 bis 5 auf Seite 26; bestimmen Sie dann die Nebensätze, indem Sie ihre beiden sichtbaren Merkmale kennzeichnen:

- *zuerst das gebeugte Zeitwort am Ende des Nebensatzes durch eine Wellenlinie,*
- *dann das besondere Einleitewort durch Unterstreichen!*

Das Freizeitverhalten der Bundesbürger hat sich grundlegend verändert, seitdem neue Unterhaltungsmöglichkeiten wie Squash, Video oder Diskobesuch erheblich an Bedeutung gegenüber Fußball oder Kino gewonnen haben. Noch vor 25 Jahren genügte es für die Einschätzung des Freizeitverhaltens meistens, dass man den Beruf und das Einkommen eines Menschen kannte.

Heute ist eine solche Vorhersage vor allem deshalb schwieriger geworden, weil der selbst gewählte Lebensstil die Bedeutung des sozialen Milieus weitgehend verdrängte. Allerdings gelten auch innerhalb der „Lebensstilgruppen" strenge Verhaltensnormen. So ist es für den Fahrer eines Kleinwagens „unmöglich", dass er etwa dicke Zigarren raucht. Und in Demonstrationen wirkt es zumindest auffällig, wenn jemand zur Demo mit Schlips und Kragen erscheint. Die Veränderung von Wertvorstellungen bedeutet freilich nicht, dass die sozialen Spannungen verschwunden sind.

Wissenschaftler unterscheiden grundsätzlich drei Typen von Freizeitverhalten. Jüngere, ungebundene Personen verbringen ihre Freizeit mit Vorliebe in Kneipen, Diskotheken und Kinos, aber auch mit Sport oder Hobby-Kursen, damit sie so ihr „Leben genießen", ihre „Bedürfnisse befriedigen" können. Menschen mit konservativen Wertvorstellungen wie Geborgenheit, Ehrlichkeit, Familiensinn, Sicherheit, Heimatverbundenheit und Glaube an Gott legen hohen Wert darauf, dass die Familie im Zentrum ihrer Freizeit steht.

Die kleinste Gruppe erfüllt ihre Freizeitwünsche, indem sie Theateraufführungen, Kunstausstellungen oder wissenschaftliche Veranstaltungen besucht.

Zwar hat es diese drei Typen des Freizeitverhaltens schon immer gegeben, sie entsprechen aber nicht mehr einer gesellschaftlichen Abstufung von „ganz oben nach ganz unten"; vielmehr reichen sie über alle sozialen Gruppierungen hinweg.

Weitere Hilfen und Beispiele zum Erkennen von Nebensätzen finden Sie im Trainingsband „Das verflixte Komma" Lernschritt 30 bis 32.

Bindewort-Nebensätze

13. Vom Gelehrten-Attribut zum Massenartikel

Komma bei „wenn, weil, dass, sodass"

Im folgenden Text fehlen nur die Kommas vor den Bindewörtern „wenn, weil, dass, sodass"; sie zeigen übrigens zuverlässig an, dass mit ihnen ein Nebensatz beginnt. Unterstreichen Sie diese Bindewörter und setzen Sie die Kommas davor! Ziehen Sie bitte außerdem zum Beweis, dass mit diesen Bindewörtern wirklich ein Nebensatz beginnt, Wellenlinien unter die gebeugten Zeitwörter am Ende:

Im Jahre 1305 schrieb der italienische Mönch Rivalto: „Es ist noch keine zwanzig Jahre her dass das Brillenmachen erfunden wurde. Welch ein Segen für die Menschheit!" Niederländische Brillenhistoriker glauben dass die erste Brille im Jahre 1286 in Venedig hergestellt wurde. Sie veranstalteten in Amsterdam die kleine, aber interessante Ausstellung „Bril 700" weil die Brille ihren siebenhundertsten Geburtstag feierte. Mit Hunderten von alten und neuen Brillen wurde der Weg dieses unentbehrlichen optischen Hilfsmittels nachgezeichnet.

Im Mittelalter musste bald jeder Gelehrte eine Brille tragen wenn er ernst genommen werden wollte. Aber auch Magier, Quacksalber und Kurpfuscher bedienten sich der interessant machenden Augengläser. Schließlich kam es dahin dass die Brille zeitweilig in die Nähe von Alchimie, Okkultismus und Scharlatanerie geriet.

Durch die Erfindung des Buchdrucks um 1450 wurde das Lesen zur verbreiteten Kulturtechnik sodass viele Menschen auf die Brille angewiesen waren. Schon 1478 gab es in Nürnberg einen „Parillenmacher", 1535 eine Brillenmacherzunft. Zum erschwinglichen Massenartikel wurde im 17. Jahrhundert die „Nürnberger Drahtbrille“ weil sie die Herstellungskosten erheblich senkte. Aus ihr ging später die nach Franz Schubert benannte ovale „Schubertbrille“ hervor.

Eine neue Entwicklungsphase setzte nach der Erfindung des Kunststoffs ein sodass das Zweiglas zum Modeartikel für jedermann werden konnte. – Im China des frühen 19. Jahrhunderts zeigte die Größe der Brillengläser aus Bergkristall den Rang der Würdenträger an weil die „Mandarinenbrille“ zum Statussymbol geworden war. Aber auch die schlichteste Brille kann ein Persönlichkeitsmerkmal sein. Wer würde in Manhattan Woody Allen auf der Straße erkennen wenn er nicht seine Augengläser trüge?

14. Kleine Brillenkunde

Drei Stellungen des Nebensatzes

Nebensätze können an drei Stellen des Satzgefüges stehen (siehe Regel 4*, Seite 26). Unterstreichen Sie bitte das einleitende Bindewort und bestimmen Sie das Ende des Nebensatzes, indem Sie unter das gebeugte Zeitwort eine Wellenlinie ziehen; setzen Sie danach die Kommas:*

1. a) Man veranstaltete in Amsterdam eine kleine, aber interessante Ausstellung „Bril 700“ weil die Brille ihren siebenhundertsten Geburtstag feierte.
   b) Weil die Brille ihren siebenhundertsten Geburtstag feierte veranstaltete man in Amsterdam eine kleine, aber interessante Ausstellung „Bril 700“.
   c) Man veranstaltete in Amsterdam weil die Brille ihren siebenhundertsten Geburtstag feierte eine kleine, aber interessante Ausstellung „Bril 700“.
2. a) Im Mittelalter musste bald jeder Gelehrte wenn er ernst genommen werden wollte eine Brille tragen.
   b) Im Mittelalter musste bald jeder Gelehrte eine Brille tragen wenn er ernst genommen werden wollte.
   c) Wenn er ernst genommen werden wollte musste im Mittelalter bald jeder Gelehrte eine Brille tragen.
3. a) Weil die „Mandarinenbrille“ zum Statussymbol geworden war zeigte die Größe der Brillengläser im China des frühen 19. Jahrhunderts den Rang der Würdenträger an.
   b) Im China des frühen 19. Jahrhunderts zeigte weil die „Mandarinenbrille“ zum Statussymbol geworden war die Größe der Brillengläser den Rang der Würdenträger an.
   c) Im China des frühen 19. Jahrhunderts zeigte die Größe der Brillengläser den Rang der Würdenträger an weil die „Mandarinenbrille“ zum Statussymbol geworden war.

15. 400 Jahre Eis am Stiel

Komma bei „obwohl, obgleich, indem, nachdem, bevor“

Bindewörter für Nebensätze finden Sie bei Regel 5 *auf Seite 26. Setzen Sie bitte die Kommas:*

Rund 400 Jahre ist es her dass ein Bäckerlehrling das Eis am Stiel entdeckte. Er lebte in Italien im Hause seines Meisters, der ein weit bekannter Zuckerbäcker war. Gegenüber Neuigkeiten war dieser stets aufgeschlossen. So nutzte er auch eine damals ganz moderne Entdeckung indem er seine süßen Waren in einer wässerigen Salzlösung mit Salpeterzusatz kühl hielt. Wichtig war das für die Cremefüllungen seiner Torten; bei warmer Witterung bewahrte er sie in der Kühlflüssigkeit auf nachdem er sie bereits in den kühlen Keller gebracht hatte. Eines Tages nachdem der Meister das Haus zu Besorgungen verlassen hatte machte sich der Lehrling Francesco an den auf diese Weise gekühlten Süßigkeiten zu schaffen. Dabei bemerkte er dass etwas von dem Fruchtgemisch über den Topfrand in den Eisbehälter gelaufen war sodass es sich zu einer festen Masse kristallisiert hatte. Nun leuchtete ihm aus dem Gefäß das herrlichste Fruchteis entgegen; er wusste bloß nicht dass es welches war. „Warum nicht einmal naschen?“, sagte sich Francesco. Obwohl der Meister nicht in der Nähe war wagte der Lehrling es nicht, mit dem Finger in den Topf zu langen. Schließlich war Sauberkeit in seinem Handwerk oberstes Gebot. Doch er wusste sich zu helfen indem er sich mit einem schmalen Holzspachtel eine ordentliche Portion aus dem Eiskremklumpen herausbohrte. Obgleich es von außen etwas salzig schmeckte probierte er weiter. Nicht vergebens! Denn innen schmeckte das Eis köstlich nach Früchten und Milch.

Noch während Francesco sein „Eis am Stiel“ lutschte, kam der Meister hinzu. Bevor er jedoch zu schimpfen beginnen konnte berichtete ihm der Lehrling von seiner Entdeckung. Nachdem sich der Meister selber von dem Wohlgeschmack des Zufallsproduktes überzeugt hatte klopfte er Francesco anerkennend auf die Schulter. Er war froh dass er fortan seinen Kunden eine neue, leckere Erfrischung bieten konnte.

16. Wenn der „Blaue Engel" donnert

Komma bei „damit, als ob, ob, seitdem"

In dieser Aufgabe erscheinen außer einigen bereits genannten hauptsächlich die Bindewörter „damit, als ob, ob" und „seitdem". Setzen Sie bitte die Kommas:

Wenn „Auerochse", „Happy Geier", „Zwölfender" oder „Blauer Engel" angedonnert kommen dann bleibt kein Auge ohne Staub. Bei ihrem Erscheinen kommt es einem vor als ob man es mit motorisierten Ungetümen zu tun habe. Einen Vergleich mit herkömmlichen Traktoren halten die Spezialtrecker kaum noch aus weil sie eigens für „Trecker-Treck-Wettbewerbe" konstruiert wurden.

Dieser Sport ist aus Amerika zu uns gekommen. Dort hatten in den sechziger Jahren einige Farmer die Idee dass man mit Traktoren auch Wettbewerbe veranstalten könnte. Sie schleppten zuerst schwere Steine weg damit die Zugkraft ihrer Maschinen gemessen werden konnte. Außerdem ging es natürlich darum, die eigene Geschicklichkeit am Steuer zu beweisen. Schon bald verfeinerte man die Wettbewerbsbedingungen indem man besonders konstruierte Bremswagen anstelle anderer Lasten an die Zugmaschine hängte. Bei den Ausscheidungen ist es durchaus fraglich ob ein Fahrer mit seinem Gespann die aufgegebene 100-m-Marke erreicht. Wenn er dieses Ziel nicht erreicht kann er nicht mehr an dem Stechen unter erschwerten Bedingungen (schnellerer Vorschub oder mehr Ballast) teilnehmen. Damit die Trecker-Treck-Fahrer Siegeschancen bei dem 100-m-Sprint haben basteln sie tüchtig an ihren Ungetümen herum so dass deren PS-Zahl gewaltig gesteigert wird. Der Besitzer des holländischen Traktors „Dombo" hat seinem Fahrzeug eine derzeit unbestrittene Spitzenposition verschafft indem er ihn mit der Flugzeug-Version von Rolls-Royce-Motoren auf sage und schreibe 1 500 PS hochtrimmte.

Seitdem die Fahrer aus Deutschland ihre „Deutsche Trecker-Treck-Organisation" haben passen insgesamt acht Vorstandsmitglieder auf dass der Sport seinen Amateurstatus behält. Gestartet wird damit einigermaßen gleiche Wettbewerbsbedingungen herrschen in verschiedenen Gewichtsklassen.

17. Riesenkröten bedrohen die Australier

Komma bei „während, als, wie, seit, bis"

Setzen Sie bitte a l l e fehlenden Kommas:

Als vor einem halben Jahrhundert der Graue Zuckerrohrkäfer zu einer ernsthaften Bedrohung für den Bestand der Zuckerrohrplantagen geworden war suchten die Anbauer nach einem natürlichen Feind der Schädlinge. Sie fanden ihn in Gestalt einer giftigen südamerikanischen Riesenkröte vom Umfang eines Esstellers. Diese Lurche sind jedoch seit sie sich über ganz Ostaustralien ausgedehnt haben selber ein Umweltproblem geworden. Niemand weiß wie man sie wieder loswerden kann. „Keiner hat sich mit ihnen befasst, aber alle sind sich einig, dass wir irgend etwas unternehmen müssen. Wir müssen sie uns vom Hals schaffen!", seufzt der Insektenforscher Dr. R. Floyd. Während es nämlich zur Bekämpfung des Zuckerrohrkäfers inzwischen sehr wirksame Chemikalien gibt haben sich die Kröten zur nationalen Katastrophe entwickelt, weil sie in Australien keine natürlichen Feinde haben.

Die Kröten fressen praktisch alles, was sich bewegt: Frösche, Schlangen, Eidechsen, Mäuse, Ratten oder Insekten. Wenn sie sich bedroht fühlen geben sie ein Gift ab, das Hunde und Katzen tötet. Auch Menschen sind durch die klebrige weiße Substanz gefährdet, die durch Halsdrüsen abgesondert wird. Mindestens sechs Personen sind an dem Krötengift gestorben seit solche Fälle erfasst werden.

Schon von 45% Queenslands haben die Kröten Besitz ergriffen. Es wird nicht mehr viel Zeit vergehen bis sie sich über ganz Australien verbreitet haben. Im gleichen Maße wie die Zahl der Kröten wächst schwindet die einheimische Tierwelt dahin, besonders Eidechsen, Schlangen und kleine Beuteltiere. Von den verschiedenen Vorschlägen wie man die Ausbreitung und Vermehrung der Kröten eindämmen kann hat sich bisher noch keiner als erfolgreich erwiesen.

18. Der Triumph des Kaugummis

„während, als, wie, seit, bis“ – Komma oder nicht?

Wie Sie bei Regel [5], *Seite 26, nachlesen können, zeigen „während, als, wie, seit, bis“ nicht zuverlässig an, dass ein Nebensatz beginnt. Denken Sie bitte daran, bevor Sie die Kommas setzen:*

1. a) *Während* die Astronauten von Gemini 5 die Erde umrundeten kauten sie unentwegt auf den gewohnten Kaugummi-Riegeln herum.
   b) *Während* ihrer Erdumrundungen kauten die Astronauten von Gemini 5 unentwegt auf ihren Kaugummi-Riegeln herum.
2. a) Dabei sind *seit* der Erfindung des Kaugummis erst 100 Jahre vergangen.
   b) Dabei sind erst 100 Jahre vergangen *seit* der Kaugummi seinen Siegeszug antrat.
3. a) Zwar hatte der Amerikaner William White schon jahrzehntelang mit verschiedenen Stoffen und Aromen herumprobiert bis er den ersten Kaugummi mit Pfefferminzgeschmack auf den Markt brachte.
   b) Zwar hatte der Amerikaner William White *bis* zum ersten Angebot seines Kaugummis mit Pfefferminzgeschmack schon jahrzehntelang mit verschiedenen Stoffen und Aromen herumprobiert.
4. a) Aber erst William Wrigley hat den „chewing gum“ nach dem Ersten Weltkrieg *als* Genussmittel in allen Erdteilen berühmt gemacht.
   b) Weltberühmt wurde der „chewing gum“ aber erst *als* William Wrigley ins Kaugummigeschäft einstieg.
5. a) Die Einnahmen des deutschen Einzelhandels durch Tee, Seife oder Rasierwasser sind nicht so hoch *wie* die Einnahmen durch den alljährlich an 32 Millionen Menschen verkauften Kaugummi.
   b) Trotz des Jahresumsatzes von über 400 Millionen DM liegen die Deutschen *wie* aus den Angaben einer Münchener Kaugummi-Firma hervorgeht im internationalen Vergleich noch im unteren Mittelfeld.

19. Spurensicherung im Salz

„damit, seitdem“, ferner „während, als, wie, seit, bis“ – Komma oder nicht?

Als „Kommaproduzenten“ nicht ganz zuverlässig, aber doch leicht durchschaubar sind „damit“ und „seitdem“, die durch Schrägdruck hervorgehoben sind. Entscheiden Sie bitte über die Kommasetzung – insbesondere bei allen „unzuverlässigen“ Bindewörtern:

Das älteste Salzbergwerk der Welt befindet sich im Hallstätter Salzberg im österreichischen Salzkammergut. Es wurde schon in der Bronzezeit betrieben. Über dreitausend Jahre sind *seitdem* vergangen.

Wissenschaftler fanden dort kürzlich zwei rindslederne Tragsäcke aus der Zeit um 900 v. Chr. Die vorgeschichtlichen Bergleute beförderten *damit* das „weiße Gold“ ans Tageslicht. Die Säcke mit schön geflochtenem Oberteil sind sehr gut erhalten weil das Salz sie gleichsam eingepökelt hat. Bereits wenige Tage später nachdem die Grabungen begonnen hatten stießen die Forscher auf den ersten Tragsack. Es dauerte nicht lange bis sie auch den zweiten fanden. Sie legten *während* der weiteren Grabungen Bekleidungsreste und Arbeitsgeräte frei. Darunter waren auch sogenannte Lappenpickel. Die vorgeschichtlichen Bergleute schlugen *damit* das Salzgestein aus dem Berg.

All diese Funde bestätigen die Vermutung dass mehrere Bergleute in grauer Vorzeit bei einem Grubenunglück verschüttet wurden. Die Frage ob nicht auch ein „Mann im Salz“ gefunden werden kann liegt nahe. Denn ein solcher durch das Salz völlig konservierter Bergmann war bereits im Jahre 1734 im Hallstätter Bergwerk entdeckt worden. Weil jedoch dieser Mensch der ausgehenden Bronzezeit als „ungetaufter Heide“ den Widerwillen des örtlichen Pfarrers erregte wurde er ohne jede wissenschaftliche Untersuchung in ungeweihter Erde verscharrt.

Seitdem Professor Barth durch Salinen-Austria bereitwillig unterstützt wird schürft er jedes Jahr einige Wochen nach stummen Zeugen des prähistorischen Bergbaus. Die Grabungen sind unter anderem deshalb dringlich geworden weil das Bergwerk durch „inneren Verbruch“ der Gesteinsschichten in sich zusammenzustürzen droht. Ein rücksichtsloser Stollenvortrieb könnte die Gesteinsverschiebungen verstärken sodass die Arbeiten der Forscher mit besonderer Umsicht und Sorgfalt ausgeführt werden müssen.

Seit in den vergangenen Jahren Holzwerkzeuge, Kleiderreste, Fellmützen, Schuhe, Spanschachteln, Kienspäne und abgebaute Salzblöcke gefunden wurden sind unsere Kenntnisse wie die Hallstattmenschen gelebt haben um vieles genauer geworden.

20. Fischsterben im Victoriasee

Das Komma zwischen Hauptsatz und Bindewortsatz (Wiederholung)

Dieser Text fasst den Stoff der Aufgaben 13 bis 19 zusammen.

Während sich weite Teile des afrikanischen Kontinents allmählich von den Jahren der Dürre und des Hungers zu erholen beginnen schlagen Wissenschaftler aus Kenia erneut Alarm. Sie warnen davor dass ein Fischsterben im Victoriasee, dem drittgrößten Binnensee der Erde, eine Katastrophe ganz anderer Art heraufbeschwört. Wenn nicht bald etwas geschehe sei die „Protein-Bank" Ostafrikas gefährdet. Damit aber werde die Existenz von Millionen Menschen in den drei Anrainerstaaten Kenia, Uganda und Tansania bedroht.

Eine Forschungsgruppe untersucht seit längerer Zeit wie es zu diesem Fischsterben kommen konnte. Die Ergebnisse widerlegen die anfangs geäußerte Vermutung dass Industrieabwässer daran schuld seien. Die Wurzel des Übels soll – ausgerechnet – ein Fisch sein, der Nilbarsch. Ausländische Experten hatten ihn während der 50er Jahre auf ugandischer Seite im See angesiedelt. Man erwartete dass er sich von kleinen, unbedeutenden Fischarten ernähren und dann selbst zum guten Fang und Proteinlieferanten in diesem Gebiet würde. Nach dem gegenwärtigen Ermittlungsstand nahm damit das größte Unheil in der Geschichte des Victoriasees seinen Lauf. Obwohl der Fremdling sich normalerweise ausschließlich von kleineren Fischen ernährt fiel er nun auch über größere Fische und andere Seetiere her. Dabei fraß er sich von Uganda aus sozusagen durch den gesamten See hindurch. Nachdem der Nilbarsch schon viele Fischarten dezimiert hat erwischt es ihn nun offenbar selber. Immer wieder starben an einem einzigen Tage Tausende von Fischen, darunter auffallend viele Nilbarsche. Wie ein Mitarbeiter der Entwicklungsbehörde für das Seegebiet in Kisumu mitteilte zogen die Fischer bei einem einzigen Fang im April 1985 60 000 Kilogramm toten Fisch aus dem See. Dieses Fischsterben tritt urplötzlich immer dann auf wenn ein Sturm das Wasser aufgewühlt hat. Man fragte sich ob zwischen dem Massensterben des Nilbarsches und den seit Jahrtausenden bekannten Äquatorstürmen nicht ein Zusammenhang bestehe. Indem sie nämlich den See bis auf den Grund aufwühlen mischen sie seine Kalt- und Warmwasserzonen. Dabei werden sauerstoffarme Lagen mit organischem, schwefelhaltigem Bodenschlamm aufgewirbelt so dass die besonders sauerstoffbedürftigen Nilbarsche sterben müssen.

21. Wissenschaftler proben den Untergang

Weitere Bindewörter für Nebensätze

Außer den wichtigsten Bindewörtern (siehe Regel 5 *, Seite 26) können auch die folgenden einen Nebensatz einleiten:*

ehe (= bevor), da (= weil), falls (= wenn); ohne dass, anstatt dass, als dass; zumal, je ... (, desto...); sobald, solange, sooft, sowie, (in)sofern, (in)soweit.

Das Heck sackte langsam unter den Wasserspiegel während gleichzeitig der Bug aus dem Wasser auftauchte. Ächzend bäumte sich das Schiff auf; es sah aus als ob es sich gegen seinen Untergang wehrte. Doch schon bald verschwand es gurgelnd in der Tiefe ...

Glücklicherweise kamen Menschen bei diesem Unglück nicht zu Schaden da das versunkene Schiff nur ein Modell war. Wissenschaftler der Hamburger Schiffbau-Versuchsanstalt haben es untergehen lassen. Ihre Forschungen sind zu wichtig als dass man solches „Schiffe-Versenken" als Spielerei abtun könnte.

Sie entdeckten dass Schiffe stets senkrecht sterben. Ob sie über Bug oder Heck oder über eine Seite sinken fast immer nehmen sie auf ihrer Fahrt in die Tiefe dieselbe Stellung ein: Sie gleiten kielunten dem Meeresgrund zu ehe sie dort stehend verrosten.

Das zu wissen ist wichtig insofern Fragen der Sicherheit beim Schiffbau dadurch berührt werden. Zum Beispiel müssen die Reaktorbehälter von Atomschiffen so angeordnet werden dass sie bei einem Untergang des Schiffes keine Strahlungsschäden anrichten können. Und solange die Meere befahren werden wird es Schiffskatastrophen geben.

Das absolut sichere Schiff gibt es nicht. Damit ein Schiff aber so sicher wie möglich wird baut man zunächst ein Modell und testet dieses. In einem Mini-Ozean wird es allen denkbaren Belastungen ausgesetzt. Denn ein Schiff wird von den Kräften der Wellen regelrecht durchgeknetet sobald es in schwere See gerät. Je stabiler und zugleich elastischer es ist desto besser hält es der aufgewühlten See stand ohne dass es auseinander bricht.

In einem einzigen Jahre sind 53 große Schiffe auf den Weltmeeren untergegangen. Für fahrende Schiffe bilden sie eine große Gefahr wenn sie in relativ flachen Gewässern liegen. Deshalb müssen die Wracks beseitigt und falls das nicht möglich ist die Wrack-Liegestellen in die Seekarten eingetragen werden. Überdies beobachtet und kontrolliert man die Schiffsleichen ständig weil viele auf dem Meeresgrund wandern, im Schlick verschwinden und wieder zum Vorschein kommen. Sooft Ähnliches in früheren Zeiten geschah knüpften sich allerlei abergläubische Erklärungen daran. Heute bedeutet eine solche Erscheinung ganz nüchtern dass das widerspenstige Wrack gesprengt werden muss.

22. „Tante Hertha" ist findig! (Nach einem Zeitungsartikel)

Das Komma zwischen Hauptsatz und verkleidetem Wenn-Satz

Hier fehlen nur die Kommas bei verkleideten Wenn-Sätzen.
Was es damit auf sich hat, daran erinnert Sie Regel 6 *auf Seite 26:*

79 Jahre alt ist Hertha Peekes, die älteste Durchsuchungsfrau beim deutschen Zoll. Es ist ein allzu beliebter „Sport", zollfreie Waren von der Insel Helgoland aufs Schiff und weiter aufs Festland zu schmuggeln. Gerät nun eine Besucherin der Insel in Verdacht so tritt die „Grabbeltante vom Dienst" in Aktion. Schon seit fünfzig Jahren versieht sie ihren Dienst auf immer freundliche, humorvolle Art. Ist sie fündig geworden dann tut es ihr mitunter selbst Leid. Zumindest hat sie für ihre „Opfer" dann ein tröstendes Wort bereit.

Die Helgoländer müssten fast nur vom Fischfang leben bliebe ihnen nicht der einträgliche Fremdenverkehr. Und wäre die Insel nicht Zollausland kämen bestimmt nicht so viele Gäste oft nur für einen Tag vom Festland herüber um den Besuch mit einem besonders günstigen Einkauf zu verbinden. Jeder Gast kann unverzollte Waren einkaufen und auch Mehrwertsteuer braucht er nicht zu bezahlen. Kann er solche Waren auf der Insel auch in unbegrenzter Menge billig erwerben so ist er beim Verlassen doch an feste Freigrenzen gebunden. Dennoch wäre Helgoland ein wahres Schmugglerparadies würden nicht speziell geschulte Kräfte die Reisenden untersuchen.

„Tante Hertha" versieht ihren Dienst freiwillig und ehrenamtlich. Hätte man schon eine Nachfolgerin für sie gefunden so würde sie wohl nicht mehr dreimal in der Woche mit dem Seebäderschiff „Wappen von Hamburg" nach Helgoland fahren. Weil sie im Laufe der Jahre dem Zoll durch ihre gute Spürnase schon beachtliche Geldsummen beschert hat, wurde die erfolgreiche Durchsuchungsfrau im März 1986 mit dem Bundesverdienstkreuz ausgezeichnet. Ihre Findigkeit kommt ja letztlich auch dem Steuerzahler zugute.

23. Sprichwörtliches um das Gebiss

Das Komma zwischen Hauptsatz und verkleidetem Dass-Satz

„Verkleiden" können sich außer Wenn-Sätzen auch Dass-Sätze
(vgl. Regel 6 *, Seite 26). Nur um diese geht es bei der Kommasetzung im folgenden Text:*

Wohl niemand kann uns einreden ihm machten Zahnschmerzen nichts aus; und für die Behauptung regelmäßiges Zähneputzen schädige das Gebiss haben wir nur ein mitleidiges Lacheln übrig. Es hat also schon seine guten Gründe, wenn sich viele Sprichwörter und Redensarten um das Gebiss des Menschen ranken.

Wer „die Zähne zeigt", gibt im übertragenen Sinn damit zu verstehen er werde sich nichts gefallen lassen. „Sich durchbeißen" will ausdrücken man müsse zur Meisterung einer schwierigen Lage ausdauernd und energisch sein. Hat jemand „Haare auf den Zähnen", so kommt zum Zahn als Waffe und Werkzeug noch die Anspielung hinzu die betreffende Person besitze auch die Gabe der streitbaren Rede. Der Entschluss man werde nun alle Kräfte zusammennehmen und sich besonders anstrengen wird durch die Redensart „die Zähne zusammenbeißen" veranschaulicht. Wenn jemand „zähneknirschend" einen Auftrag ausführt oder einen Fehler zugibt, so dürfen wir annehmen er tue das mit äußerstem Widerstreben. Fordert der Trainer einer Fußballmannschaft sie solle „mehr Biss zeigen" so erwartet er größeren Angriffsgeist.

24. Vor dem aufrechten Gang des Menschen haben die Hunde Respekt

Das Komma bei verkleideten Bindewortsätzen

Auch Als-ob-Sätze können sich verkleiden, aber nicht ganz vollständig, wie das Beispiel in Zeile 1 zeigt. – Setzen Sie bitte die Kommas bei a l l e n verkleideten Bindewortsätzen:

Viele Hundebesitzer erzählen von ihrem treuen Vierbeiner, <u>als</u> *wäre* er ein Mensch (= <u>als ob</u> er ein Mensch *wäre*). In der Tat verhält sich mancher Schäferhund, Spaniel oder Dackel wurde er nur vernünftig großgezogen und gut gehalten wie ein unbedingt zuverlässiger, sogar verständnisvoller Freund. Um so bestürzter vernimmt man dann von Zeit zu Zeit Meldungen ein normalerweise durchaus friedfertiger Hund habe einen Menschen scheinbar grundlos angefallen und schwer verletzt.

Ein Kieler Tierarzt und Verhaltensforscher meint dazu bei solchen Unfällen zeigten die Hunde fast immer ein typisches Beuteverhalten. Gibt ein Mensch z. B. seine aufrechte Stellung auf so verliert er gegenüber dem Hund seinen Herrschaftsrang. Unter bestimmten Umständen behandelt der Hund ihn dann so als sei dieser Mensch eine jagdbare Beute. Der Tierarzt hebt hervor am gefährlichsten seien Zwingerhunde: „Sie haben nur wenig Kontakt mit Menschen und erfahren meist nur wenig Zuneigung von ihrem Herrn." Vermutungen tödliche Unfälle mit Hunden häuften sich im Winter weist der Forscher als haltlos zurück. Er warnt dringend davor, das Verhalten eines Tieres nach menschlichen Normen zu messen: „Was wirklich im Kopf eines Hundes vorgeht, wissen wir nicht."

25. Keine Angst vor Fleisch fressenden Pflanzen!

Das Komma zwischen Hauptsatz und Bindewortsatz (Geamtwiederholung)

Dieser Text fasst den Stoff der Aufgaben 13 bis 24 zusammen:

Beim Eintritt in H. Weiners Gewächshaus in Hameln kann einem ein kalter Schauer über den Rücken laufen obwohl die Luft wohltemperiert ist. Denn hier im Herzen der Rattenfängerstadt gedeiht wie der Züchter versichert die artenreichste Sammlung Fleisch fressender Pflanzen auf der ganzen Welt. Mit geöffneten Kelchen und klebrigen Tentakeln lauern sie bis sie ihre Beute erwischt haben.

Würde man menschliche Maßstäbe anlegen dann müsste man die Fangmethoden grausam nennen. Die Sonnentauarten z. B. erbeuten ihre Nahrung indem sie klebrige „Tautropfen" an den Spitzen ihrer Blatthaare bilden. Ist ein Insekt daran hängen geblieben so rollen die Blätter die Leckerbissen vollkommen ein. Verdauungssäfte lösen das Tier auf sodass es den inneren Organen der Pflanze zugeführt werden kann. Die Venusfliegenfalle lockt ihre Beute mit leuchtend roten Blättern, die sie zu einer Scheinblüte formt. Sobald das Insekt die feinen Kontakthaare der Pflanze berührt hat schließen sich die Blätter blitzschnell. Drei Tage oder länger dauert es bis die Flüssigkeit im Kelchboden das ganze Tier bis auf den Chitinpanzer aufgelöst hat.

Verbreitet sind die Fleischfresser des Pflanzenreichs über die ganze Erde, von Norwegen bis Borneo. Weiners Betrieb ist weltbekannt zumal er den interessierten Züchtern, Liebhabern und botanischen Gärten 480 Arten liefern kann. Er hat sogar schon australische Arten nach Australien geschickt: Das war für den Kunden preiswerter als wenn er eine kostspielige Expedition in die Sümpfe des fünften Erdteils unternommen hätte.

Weitere Hilfen und Beispiele für die Kommasetzung zwischen Hauptsatz und Bindewortsatz finden Sie im Trainingsband „Das verflixte Komma" Lernschritt 52 bis 67.

Fragewort-Nebensätze

Fragewörter sind „W-Wörter". Näheres darüber erfahren Sie bei Regel [7] *auf Seite 27. Sie leiten oft Nebensätze ein, die wir darum kurz „Fragewortsätze" nennen.*

26. Noch immer springen die Menschenflöhe

Das Komma bei Fragewortsätzen

Hier geht es ausschließlich um die Kommasetzung bei Fragewortsätzen:

Ausgestorben ist er in unserem Lande noch nicht, der Menschenfloh! Wer das meint irrt sich. Freilich ist er bei uns selten geworden, und wir wissen auch warum er in unserem Leben praktisch keine Rolle mehr spielt: Der Einzug des Staubsaugers und das Verschwinden der früher überall üblichen Holzdielen haben ihn vertrieben. Die Larven des Flohs können nämlich nur dort gedeihen wo es feucht und staubig ist. Wem aber an einem Wiedersehen mit dem Plagegeist früherer Jahrhunderte und Überträger tödlicher Seuchen gelegen ist, kann sie hier und da in Schweineställen oder in den Höhlen von Dachs und Fuchs antreffen. Zum gerechten Ausgleich sind in unsere Wohnungen dafür der Katzen- und der Hundefloh eingezogen. Wo unsere Haustiere aber für längere Zeit, zum Beispiel im Urlaub, die Wohnung verlassen dort finden die Flöhe keine Nahrung mehr. Sie fragen dann nicht lange wen sie als Lieferanten von Ersatznahrung anspringen sollen. Es ist allerdings nur eine Frage der Zeit wie lange sie sich mit Menschenblut am Leben halten können; vermehren können sie sich ohne das Blut der Wirtstiere jedenfalls nicht.

27. Die Herrschaften wünschen ein Bad im Meer

Das Komma bei Fragewortsätzen

Manchmal setzt sich vor das Fragewort, mit dem ein Nebensatz beginnt, noch ein Verhältniswort. Ein Beispiel dafür gibt der erste Satz des folgenden Textes. Setzen Sie bitte die fehlenden Kommas bei allen weiteren Fragewortsätzen:

Wissen Sie, seit wann es deutsche Seebäder gibt? Das lässt sich genau beantworten: Seit 1794. Im Jahre 1793 hatte der angesehene Physiker und Schriftsteller Lichtenberg in einem Aufsatz die Frage gestellt warum Deutschland noch keine öffentlichen Seebäder habe. In England war das Baden im Meer nämlich schon seit 40 Jahren in Mode. Was aber für viele Engländer schon eine Selbstverständlichkeit war stieß in Deutschland noch auf Ablehnung. Jedenfalls wies das reiche Hamburg wohin sich Lichtenberg mit einer direkten Eingabe wandte seine Vorschläge zurück. Schließlich war es der kleine Ort Doberan in Mecklenburg wo 1794 das erste deutsche Seebad eröffnet wurde.

Wonach die Badegäste von heute streben war damals geradezu verpönt: Bloß keine Sonnenbräune einhandeln! Sie galt als unfein. Wer baden wollte bestieg eine Art Umkleidekabine auf Rädern. Der Fuhrmann lenkte das Pferd mit dem Karren geschickt ins Wasser. Eine kleine Treppe am hinteren Ende der Kutsche führte den Badewilligen ins Wasser wo er einmal kurz untertauchte.

Ergötzlich ist auch in welcher Kostümierung sich die Damen um 1900 ins Wasser begaben. Sie trugen einen Badeanzug mit Rüschen und Spitzen worunter zwei lange Hosen hervorlugten. Wem eine einzige Badekappe nicht genügte der setzte sich gleich zwei oder drei auf. Klar, dass man auch Schuhe und Strümpfe trug. Dagegen schaffen es die Frauen und Mädchen von heute, die ohnehin schon knappen Bikinis von Saison zu Saison noch etwas weiter zu verkürzen wofür sie sogar noch neugierige Blicke ernten.

Weitere Hilfen und Beispiele zur Kommasetzung bei Fragewort-Nebensätzen finden Sie im Trainingsband „Das verflixte Komma", Lernschritt 60 bis 63.

28. Durch nichts zu verdrängen

Das Komma bei Bindewort- und Fragewort-Nebensätzen (Wiederholung)

Dieser Text fasst den Stoff der Aufgaben 13 bis 27 zusammen; setzen Sie bitte alle fehlenden Kommas:

Er ist unentbehrlich wie das tägliche Brot und reißt meistens dann ab wenn es am peinlichsten ist: der Knopf. Eine Ausstellung von 10 000 Exemplaren im Deutschen Schloss- und Beschlägemuseum in Velbert weist eindrucksvoll nach mit welchem Einfallsreichtum sich die Knopfmacher seit Jahrtausenden der winzigen Rundlinge annehmen.

Man kann nur staunen wie lange es schon Knöpfe gibt: Bereits Steinzeitmenschen verbanden große Scheiben mit einer Schlinge zum Doppelknopf womit sie ihre Gewandung schlossen. War der Knopf durch Jahrhunderte in erster Linie Kleiderzierde so ist der schlichte Gebrauchsknopf heute wo er oft unauffällig seinen Zweck erfüllt erst rund 100 Jahre alt. Doch auch beim Knopf gibt es nichts was es nicht gibt. In den Ausstellungsräumen finden sich Exemplare aus Porzellan, Kokos, Glas, Holz, Edelmetall und Muschelscheiben in allen Größen, von wenigen Millimetern bis zum Dessertteller-Format. Der klassische Knopfrohstoff ist die Steinnuss. Europäische Schiffe füllten nachdem sie ihre Fracht in Südamerika entladen hatten ihre Bäuche mit Steinnüssen als Ballast. Das erklärt warum ein findiger Thüringer anno 1864 eine ganze Steinnussknopf-Industrie begründen konnte.

Wer Regierungstreue vorzeigen wollte der konnte sein Zeug um die Jahrhundertwende mit Fotoporträts der gekrönten Häupter seines Staates verzieren. – Nur vorübergehend wurde der Knopf durch die Erfindung des Reißverschlusses bedroht. Heute schiebt sich der Knopf besonders bei der modebewussten Jugend wieder in den Vordergrund. Wem das Schrillste gerade recht ist der knöpft sein Satin-Wams mit einem New-Wave-Knopf in buntem Kieselstein-Look wobei lustigerweise ein Reißverschluss noch als „Reserve“ eingenäht ist!

Relativsätze

Nebensätze beginnen mit besonderen Einleitewörtern. Die dritte Gruppe davon sind die Relativpronomen. Näheres darüber steht bei Regel 8 *auf Seite 27.*

Relativsätze im Nominativ

29. Das erste Gold der Menschheit

Hier kommen nur Relativsätze vor, die mit „der, die“ oder „das“ beginnen (dies ist schon einer!). Setzen Sie bitte die Kommas:

Das wahrscheinlich erste Gold das von Menschen bearbeitet wurde stammt aus der Zeit um 4500 v.Chr. Seine Entdeckung geht auf einen jener Zufälle zurück die gerade die Vorgeschichtsforschung so spannend machen. Bulgarische Bauarbeiter stießen 1972 bei Varna auf ein uraltes Grab das zu einem bis dahin verborgen gebliebenen Friedhof der Kupferzeit gehört. Die Fachwelt die schon zu Beginn eine „Sternstunde der Archäologie“ ahnte stellte am Ende fest, dass es sich um eine echte wissenschaftliche Sensation handelte. Im Zuge der Ausgrabungen die das ganze Gräberfeld erfassten wurde außer Keramikgefäßen, Kupfergegenständen, Waffen, Steingeräten und kleinen Standbildern eine enorme Menge Gold gefunden. Das Gesamtgewicht das die daraus gefertigten 3010 Einzelstücke an Armreifen, Zierplättchen und Diademen haben beträgt über sechs Kilogramm. Ein britischer Forscher verglich den Varna-Schatz in seiner Bedeutung mit dem Schatzfund von Troja der vor hundert Jahren Heinrich Schliemann gelang.

30. Das Leben erobert verlorenes Land zurück

Relativsätze in allen vier Fällen

Setzen Sie bitte die fehlenden Kommas bei Relativsätzen:

Die schlimmste Vulkankatastrophe die die Menschheit in geschichtlicher Zeit heimsuchte war der Ausbruch des Krakatau im Jahre 1883. Die gleichnamige Insel deren höchste Erhebung der Vulkan war liegt zwischen Java und Sumatra. Infolge der Explosion versank sie großenteils im Meer oder wurde von einer 70 Meter hohen dicken Aschenschicht bedeckt die 40 000 Menschen unter sich begrub. Kein Wesen pflanzlicher oder tierischer Art blieb erhalten. Gespannt verfolgten die Gelehrten denen die Katastrophe viele neue Erkenntnisse vermittelte die weitere Entwicklung des Eilandes. Die ersten Lebewesen deren Ansiedlung auf den Aschebergen und dem nackten Gestein beobachtet wurde waren winzige Algen. Drei Jahre waren seit dem Untergang verstrichen. Die nächsten Neuansiedler die kurz nach diesen niedrigsten aller Pflanzen erschienen waren Moose und Farne. Danach tauchten auch die ersten Blütenpflanzen auf. Zehn Jahre nach dem Lavaregen dem alles Leben auf der Insel zum Opfer gefallen war fanden die Zoologen Käfer und Pflanzenwanzen, Schmetterlinge und Spinnen und sogar eine Rieseneidechse. Vierzehn Jahre nach der Katastrophe wucherte auf der Insel Gras das von Sträuchern und Jungbäumen überragt wurde. 1906 erreichte die Pflanzenwelt eine Üppigkeit wie nie zuvor. 90 Arten von Blütenpflanzen und 50 verschiedene Farne konnten die Gelehrten unter den Kokospalmen ausmachen deren Kronen sich im Wasser des Strandes spiegelten. In 23 Jahren hatte sich vielfältigstes Leben die Insel in einem Blitztempo zurückerobert das in der Entstehungsgeschichte unserer Erde unbekannt war. Allerdings lagen die Lebensformen deren Ausbildung Jahrmillionen gebraucht hatte schon fertig auf den Nachbarinseln vor, sprungbereit, die Leere zu füllen. Zu den Lebewesen die in der Luft über Krakatau schwebten gehören Millionen von Insekten; die mikroskopisch kleinen Sporen von Farnen und Moosen erreichten Höhen um 6 000 Meter.

31. Delphine – nur schwimmende Clowns (1. Teil)

Relativsätze in allen vier Fällen

Setzen Sie bitte die fehlenden Kommas bei Relativsätzen:

Delphindressuren die in aller Welt zu den beliebtesten Attraktionen großer Freizeitparks gehören geraten immer mehr ins Kreuzfeuer der Kritik. Die Organisation „Greenpeace" deren Ziel der weltweite Tier- und Umweltschutz ist verlangt kategorisch die Abschaffung dieser Aaah- und Oooh-Erlebnisse des Publikums. Denn die intelligenten Meeressäuger denen die Sympathie aller Besucher gilt müssen diese mit einschneidenden Einschränkungen ihrer Lebensbedingungen bezahlen.

Die bedauernswerten Show-Delphine sind im Grunde nur Kirmes-Kopien des Fernsehstars „Flipper" der früher überall über die Bildschirme plätscherte. Die ambulanten Nachahmer denen statt der offenen See meistens ein Planschpfützen-Bassin zugemutet wird müssen nach dessen Reinigung Chlor in Mengen schlucken.

In noch schlimmere Raumnot geraten die Tiere, wenn im Herbst der letzte Urlauber abgereist ist. Das Becken das sich die bis zu 3,60 Meter langen Kleinwale teilen müssen hat gewöhnlich nur wenige Meter Seitenlänge und geringe Tiefe. Delphintrainer R. R. der das Bewegungsdefizit bei den versklavten Flippern aus dem Acht-mal-acht-Meter-Becken einer Wandershow kennen lernte ließ sie sich den Winter über auf den 22-m-Bahnen eines Zoo-Delphinariums fit baden; sie sind tagelang nur noch geschwommen.

32. Delphine – nur schwimmende Clowns (2. Teil)

Relativsätze in allen vier Fällen

In Freiheit sind Delphine mit 20 bis 30 Stundenkilometern die sie im Spurt spielend auf 60 bis 80 „Sachen" beschleunigen können fast ständig unterwegs. Dabei gleitet ihr Körper dessen seidenglatte Haut sich den Strömungen elastisch anpasst fast ohne Turbulenzen durch das Wasser.

Der Salzgehalt des Wassers für die Entertainer-Delphine deren Zuhause zumeist ein Kunststoffbecken ist kann zum Schaden der Gesundheit der Tiere häufig nicht konstant auf den richtigen Werten gehalten werden. Die gezeigten Dressurleistungen denen wir staunend applaudieren sind im Grunde die gleichen die auch dressierte Hunde zeigen können: Bälle fangen, apportieren oder durch Reifen springen.

Was Delphine von Natur aus zu leisten vermögen, um sich in ihrer Umwelt zu behaupten, bleibt dagegen den Zuschauern verborgen. So verfügen sie über ein Schallmesssystem das für ihr Leben in der lichtarmen Unterwasserwelt von größtem Nutzen ist. Mit seiner Hilfe können sie ihre Erzfeinde, Haie und Schwertwale, orten die noch 400 Meter entfernt sind. Im Test fanden sie ein Schrotkorn im Becken und registrierten den Größenunterschied zweier Metallkugeln den ein Mensch nur mittels feiner Messgeräte erkennen kann.

33. Hundert Jahre Automobil (1. Teil)

Relativsätze mit Verhältniswort (Präposition

Vor dem Relativpronomen, mit dem ein Nebensatz beginnt, steht oft ein Verhältniswort (eine Präposition). Der vorige Satz gibt ein Beispiel dafür. – Setzen Sie bitte die fehlenden Kommas bei allen Relativsätzen:

Der 29. Januar 1886 ist der Tag an dem Karl Benz seinen dreirädrigen Motorwagen mit Gasmotorenbetrieb beim kaiserlichen Patentamt in Berlin eintragen ließ. Der Wagen mit dem Benz seine revolutionäre Idee einer ganz neuen Fahrzeugart verwirklichte brachte es bei 400 Umdrehungen in der Minute auf 0,9 PS und eine Höchstgeschwindigkeit von 15 Stundenkilometern.

Unabhängig von Karl Benz der am 3. Juli 1886 mit seinem Heckmotor-Dreiradwagen erstmals öffentlich in Mannheim ausfuhr erprobte im selben Jahr Gottlieb Daimler zwischen Cannstatt und Stuttgart-Untertürkheim ein vierrädriges Automobil das mit Benzinmotor betrieben wurde. Als Antrieb diente der erste kleine, leichte und schnelllaufende Benzinmotor der Welt dessen 1,5 PS bei 700 Umdrehungen in der Minute Daimlers Motorkutsche 16 Stundenkilometer schnell machten.

Unbestreitbar sind es Gottlieb Daimler und Karl Benz durch deren Erfindungen 1886 das Zeitalter des Automobils begann. Dass die Franzosen schon 1984 den hundertsten Geburtstag des Automobils feierten, zählt für die Automobilbauer in Untertürkheim nicht. Denn der erste Wagen auf dessen Motor der Franzose Édouard Delamare-Deboutteville ein Patent erhalten hatte lief mit so vielen Pannen, dass Delamare keine weiteren Versuche unternahm.

34. Hundert Jahre Automobil (2. Teil)

Relativsätze mit Verhältniswort (Präposition)

Setzen Sie bitte die Kommas bei allen Relativsätzen:

Gottlieb Daimler hatte schon vor dem Automobil einen „Reitwagen" erfunden mit dem er im August 1885 ausfuhr. Dieses Fahrzeug war der Vorläufer des heutigen Motorrades. Daimlers stehender, geschlossener, für Einbauzwecke geeigneter Motor für den er am 3. April 1886 das Deutsche Reichspatent Nr. 34 926 erhielt gilt als der erste Fahrzeugmotor der für die Fahrzeugtechnik wegweisend wurde.

Die Liste der Versuche die schließlich zur Motorisierung führten ist lang. Ideen für einen Verbrennungsmotor hatte schon 1807 der Schweizer Isaac Rivaz und die Fortschritte der Dampfmaschinentechnik waren ebenfalls Wegbereiter. Den ersten Verbrennungsmotor konstruierte der Belgier Étienne Lenoir dessen 1860 gebauter Motor mit Gas angetrieben wurde. Eine kontinuierliche Weiterentwicklung an deren Ende die „Geburtsstunde" des Automobils gestanden hätte blieb jedoch aus. Dagegen hatte der Kölner Kaufmann August Otto mit dem Bau eines Viertaktmotors einen Antrieb geschaffen der zum Ausgangspunkt der weiteren Motorentechnik wurde. Karl Benz und Gottlieb Daimler neben denen als dritter Pionier des Automobilbaus Wilhelm Maybach genannt werden muss entwickelten unabhängig voneinander ihre motorenbetriebenen Fahrzeuge. In den Archiven gibt es seltsamerweise nicht den geringsten Hinweis der auf eine Begegnung der beiden vor 1886 schließen ließe.

Weitere Hilfen und Beispiele zur Kommasetzung bei Relativsätzen finden Sie im Trainingsband „Das verflixte Komma", Lernschritt 58 bis 67.

Mehrteilige Satzgefüge

Zur Darstellung eines komplizierteren Gedankenzusammenhanges reicht manchmal ein einfaches Satzgefüge, das nur aus einem Hauptsatz und einem Nebensatz besteht, nicht aus. Man bildet dann ein mehrteiliges Satzgefüge. Näheres darüber steht bei Regel 9 *auf Seite 27.*

35. Folgen des Deodorants: Wir können uns nicht riechen!

Kommasetzung im mehrteiligen Satzgefüge

Napoleon pflegte seiner Josephine vor der Rückkehr vom Kriegsschauplatz eine Depesche zu schicken in der er sie bat dass sie sich nicht waschen möge weil er nach Hause komme. Mit dieser überraschenden Anekdote die in einem englischen Fachblatt stand soll uns bewusst gemacht werden dass Körpergeruch keine Begleiterscheinung der heutigen Zeit ist. Aber erst seit Ende des 19. Jahrhunderts wird er mit einer Leidenschaft bekämpft die einer besseren Sache würdig wäre. Dennoch gibt es auch heute noch genug Menschen die sich im buchstäblichen Sinne „gut riechen" können zumal wenn es sich um den Geruch des eigenen Partners handelt der durchaus nicht als unangenehm empfunden wird.

Der übertriebene Einsatz von Duftwässerchen beeinträchtigt das gegenseitige „Sich-beschnüffeln" wie es noch heute bei den Eskimos und anderen Naturvölkern üblich ist wenn eine Partnerschaftsbeziehung eingeleitet wird. Die Überführung von Verbrechern die man heute durch Fingerabdrücke und durch eine Analyse ihrer körpereigenen Duftnote erzielen kann wird erschwert wo Rasierwasser, Parfüms oder auch Raumsprays benutzt werden.

Dass jeder Mensch einen unverwechselbaren Körpergeruch hat belegen Mutter-Kind-Untersuchungen aus denen hervorgeht dass die Mutter am Geruch erkennen kann welches Hemd ihr Kind getragen hat und ein Säugling erkennt schon im ersten Lebensmonat wer seine eigene Mutter ist. Tiermütter erkennen ihr Junges vor allem am Geruch und verstoßen fremde. Junge ohne Mutter verhungern wenn der Mensch nicht hilft.

36. Naseweisheiten

Kommasetzung im mehrteiligen Satzgefüge

Von allen Sinnesorganen genießt die Nase bei den Menschen die geringste Wertschätzung. Sie ist fast immer anders als der Besitzer sie haben möchte. Ob sie nun zu groß oder zu klein ist auf alle Fälle macht sich jeder unbeliebt der sie zu tief in die Angelegenheiten anderer Leute steckt. Man fragt sich wozu sie überhaupt gut ist wenn sie sich mit Vorliebe dadurch in Erinnerung bringt dass sie uns einen blühenden Schnupfen beschert. So jedenfalls denken die meisten obwohl die Nase früher einmal sehr wichtig gewesen sein muss. Denn von den weit mehr als nur fünf Sinnen mit denen die Lebewesen im Laufe der Evolution ausgestattet wurden ist der Geruchssinn einer der ältesten.

Während unzählige Tiere ohne Nase mit der sie ihre Nahrung aufstöbern wie ihre Feinde wittern können im Kampf ums Dasein bald verloren wären ist die menschliche Nase ziemlich verkümmert was gewiss ihre geringe Beliebtheit verständlicher macht. Trotzdem leistet sie mehr als man gemeinhin weiß. Sie beherrscht den Geschmackssinn dessen Organ, die Zunge, lediglich süß, sauer, salzig und bitter unterscheiden kann. Man braucht nur jemandem dem man vorher die Augen verbindet und die Nase zuhält ein Stück Zwiebel mit der Bemerkung in den Mund zu schieben es handle sich um ein Apfelstück so wird er erst dann feststellen können was ihm da wirklich auf der Zunge gelegen hat wenn die Nase wieder frei wird. Erstaunlich ist dass der Mensch für Gerüche ein besseres Erinnerungsvermögen hat als zum Beispiel für Melodien. Die Beeinflussung seelischer Vorgänge durch das was er riecht ist groß. Jeder kennt im Zusammenhang mit Gerüchen alle Stufen von spontaner Zuneigung bis hin zum abgrundtiefen Ekel und jeder weiß auch was die Redensart bedeutet man könne jemanden nicht riechen.

Die Nase die eben doch weit mehr ist als ein simples Sinnesorgan dient auch als vorzügliche Klimaanlage. Sie gibt der Atemluft den nötigen Feuchtigkeitsgehalt und wärmt sie vor was häufiger als wir denken den Körper gegen Infektionen der Luftröhre und der Bronchien schützt. Deshalb ist die Mahnung berechtigt man solle durch die Nase atmen wenn Erkältungsgefahr droht.

Wer längere Zeit auf staubiger Straße gewandert ist und sich hinterher schneuzt merkt dass die Nase auch ein guter Filter ist. Die mikroskopisch kleinen Flimmerhärchen auf der Schleimhaut halten den Schmutz zurück.

Wer schon immer eine „gute Nase" für etwas gehabt hat der kann unschwer feststellen dass er „den richtigen Riecher" besitzt, eine echte Spürnase mit der er seinen Freunden immer „um eine Nasenlänge voraus" ist.

37. Was uns alle bedroht

Aufzählung von Nebensätzen

Nebensätze kann man aufzählen (siehe Regel 10 *, Seite 27). Ein Beispiel dafür bietet der erste Satz des folgenden Textes; setzen Sie bitte die fehlenden Kommas:*

Immer dringlicher werden Antworten auf die Fragen, warum unsere Wälder großenteils todkrank sind, welche Folgen das für das Leben auf der Erde hat und wie dem Waldsterben Einhalt geboten werden kann.

Im Bundesgebiet hat das Waldsterben schon bewirkt dass zwanzig Vogelarten ausgestorben sind dass Hochwasser Millionenschaden verursachten und dass dem Grundwasser vielerorts nicht mehr genug Regenwasser zugeführt wird. Wirksame Maßnahmen sind auch deshalb erforderlich weil der Wald hunderttausend Menschen Arbeit gibt oder weil die Städter ihn als Erholungsgebiet brauchen.

Die Nadeln und Blätter der Bäume wirken als riesiger Filter, der die Luft reinigt, doch gerade das wird dem Wald heute zum Verhängnis. Wenn die Menschen die Reinigungskraft des Waldes weiterhin überfordern wenn sie Luftverschmutzung und Bodenvergiftung nicht stoppen und wenn sie überdies diese Maßnahmen nicht in allen Erdteilen durchführen beschwören sie ihr eigenes Verderben herauf.

38. Vitamine: Von allen geschätzt, den wenigsten bekannt

Kommasetzung im mehrteiligen Satzgefüge; speziell: Aufzählung von Nebensätzen

„Vitamine sind gut." Diesem Satz stimmen die meisten zu. Wie ein Göttinger Ernährungswissenschaftler auf einer Fachtagung in Hamburg berichtete wissen jedoch nur die wenigsten welche Vitamine es gibt und was sie bewirken. Diese Unkenntnis wird oft von Nahrungsmittelherstellern genutzt indem sie solche Lebensmittel durch ihren Vitamingehalt als „Energiespender" erscheinen lassen auf deren Verzehr in Wirklichkeit durchaus verzichtet werden kann, z. B. Nugatcreme, Bonbons, Limonaden usw.

Dass Vitamine eigentlich gar keine Energie liefern da sie keine Kalorien enthalten ist ebenfalls nur wenigen bekannt. Vollends verwirrend sind Meldungen wonach Vitamine „gefährlich" sein könnten während tatsächlich nur Hochdosierungen gemeint sind die bei normaler Ernährung gar nicht auftreten.

Unter dem Begriff „Vitamine" werden chemisch ganz verschiedene Substanzen zusammengefasst die der Körper selber nicht produzieren kann und auf deren Zufuhr er darum angewiesen ist. Die Vitamine A, D, E und K sind in Fett, die anderen in Wasser löslich. Da die ersteren im Körper längere Zeit gespeichert werden können werden Mangelerscheinungen nicht immer sofort sichtbar.

Obwohl wir hierzulande was die Ernährung anlangt „im Schlaraffenland" leben gibt es Bevölkerungsschichten die trotzdem nicht ausreichend mit Vitaminen versorgt sind weil ihr Körperhaushalt durch Diäten, Hungerkuren, Medikamente oder Krankheiten gestört ist oder weil sie von Drogen oder Alkohol abhängig geworden sind.

Einen deutlich erhöhten Vitaminbedarf haben Schwangere und stillende Mütter da das Ungeborene bzw. das Brustkind alles was es braucht aus dem Körper der Mutter holt. Im Übrigen haben Untersuchungen erwiesen dass normalerweise eine ausgewogene Mischkost ausreicht damit der allgemeine Vitaminbedarf gedeckt wird. Andere Untersuchungen lassen vermuten dass einzelne Vitamine möglicherweise Krebserkrankungen vorbeugen und dass insbesondere zwischen dem Mangel an Vitamin A und der Häufigkeit von Krebs ein Zusammenhang besteht. Ob allerdings eine überdurchschnittliche Zufuhr vor Krebs schützt ist damit noch nicht bewiesen.

Weitere Hilfen und Beispiele zur Kommasetzung im mehrteiligen Satzgefüge finden Sie im Trainingsband „Das verflixte Komma", Lernschritt 68 bis 74.

Das Komma bei nebenordnenden Bindewörtern

Einen Fall der Kommasetzung bei nebenordnenden Bindewörtern kennen Sie schon: die Kommasetzung bei Aufzählungen. Was es da sonst noch gibt, steht in den folgenden Aufgaben.

39. Vor 800 Jahren erfanden die Chinesen das Feuerwerk (1. Teil)

Kommasetzung bei nebenordnenden Bindewörtern bei „ferner, außerdem, aber, sondern"

Wie es um die Kommasetzung bei den im Kasten angezeigten Bindewörtern bestellt ist, steht bei Regel 11 *auf Seite 27. Am besten, Sie informieren sich dort, bevor Sie die Kommasetzung im folgenden Text vervollständigen:*

Im 12. Jahrhundert wurde das Schießpulver von den Chinesen erfunden. Es bestand aus Schwefel und Salpeter ferner aus Kohlenstaub. Die Ägypter haben den „Schnee aus China" übernommen. Wie das knallende, zischende „Teufelszeug" nach Europa gekommen ist, kann nicht eindeutig erklärt werden. Fest steht, dass der Mönch Berthold Schwarz das Pulver nicht erfunden sondern allenfalls wesentlich verbessert hat. Die Chinesen setzten es nicht einmal vornehmlich für Kriegszwecke ein sondern vor allem als Mittel der Prachtentfaltung und zum Ausdruck der Lebensfreude. Sie waren die ersten friedlichen Feuerwerker der Kulturgeschichte. Der gute alte Knallfrosch z. B. ist ursprünglich Symbol eines feuerspeienden Drachen; dieser gilt in Europa als Untier in China aber als Glückssymbol.

Zu Beginn des Mittelalters wurde das Feuerwerk in allen europäischen Ländern zunächst nur für die Ausgestaltung kirchlicher Feste verwendet. Man setzte es bei Mysterienspielen ein aber auch zu Ehren des Erzengels Michael außerdem zu Pfingsten. Im 16. und 17. Jahrhundert sprühten dann Paläste und Burgen bei jedem wichtigen Anlass Funkenregen und Feuerkaskaden. Bald benutzten aber auch Städte wie Nürnberg oder Dresden das Feuerwerk um damit die Geschicklichkeit ihrer Bürger zu demonstrieren. Das Abbrennen von Feuerwerk sollte den staunenden Zuschauern außerdem den technischen Fortschritt eindrucksvoll vor Augen führen.

40. Vor 800 Jahren erfanden die Chinesen das Feuerwerk (2. Teil)

Kommasetzung bei nebenordnenden Bindewörtern bei „ferner, außerdem, aber, sondern"

Zwischen einigen Bindewort-Paaren muss ein Komma stehen, zwischen anderen darf keins stehen – schwer zu fassen! Lesen Sie zuerst Regel 12 *auf Seite 27 und setzen Sie dann die fehlenden Kommas:*

Unter Verwendung ungeheurer Mengen von Schießpulver wurden nicht nur Großfeuerwerke abgebrannt sondern auch ganze Schlachten nachgespielt, besonders nach Siegen über die „heidnischen Türken". Feuerwerker gehörten damals neben den Grubeningenieuren und den Wasserarchitekten zu den angesehensten Wissenschaftlern. Der weltbekannte Baumeister Balthasar Neumann war sowohl Architekt als auch Feuerwerker und in dieser Eigenschaft hat er sich porträtieren lassen.

Warum machten Feuerwerke von jeher einen besonders tiefen Eindruck auf die Menschen? Eine interessante Antwort lautet: Jahrhunderte hindurch erlebte das Volk die Nacht, wenn weder Mond noch Sterne sie erhellten, als totale Finsternis. So symbolisierten die glanzvollen Feuerwerke den schlichten Gemütern teils den Sieg des hell strahlenden Guten über das finstere Böse teils die gottgewollte Macht der veranstaltenden Fürsten.

Nach der Französischen Revolution verloren nicht nur die Fürsten sondern auch das Feuerwerk ihren irrationalen Glanz. Bei den Feuerwerken traten jetzt zum einen die technischen Raffinessen zum anderen die Befriedigung der Sensationsgier in den Vordergrund. Ausgediente Artilleristen führten auf Jahrmärkten gegen Eintrittsgeld beeindruckende Licht- und Knalleffekte vor. Der einstige Sinn der Kunst des Feuerwerks ging dabei völlig verloren. Das hat aber der Beliebtheit weder der Knallfrösche noch der anderen puffenden, zischenden, heulenden und feuersprühenden Feuerwerksartikel Abbruch getan.

Eigentlich war das Feuerwerk von Anfang an eine zwiespältige Angelegenheit. Heute ist es einerseits immer noch Ausdruck überschäumender Lebensfreude andererseits aber auch Sinnbild unseres „sprühenden“ Reichtums. Außerdem sollte man nicht vergessen: Die Bundesbürger jagen zur Jahreswende nicht nur rund 95 Millionen DM in die Luft sondern beschleunigen zugleich auch das Waldsterben ein bisschen: In der Silvesternacht werden über der Bundesrepublik rund 100 Tonnen Schwefeldioxid und 160 Tonnen Stickoxide freigesetzt.

41. Glitzernde Imitationen für die ganze Welt

Kommasetzung bei nebenordnenden Bindewörtern zwischen Satzgliedern oder Sätzen

Achten Sie auf die Bindewörter „und, oder, entweder – oder, weder – noch“ und beachten Sie, was darüber bei Regel 17 auf Seite 29 steht, bevor Sie die fehlenden Kommas setzen. Wo die Kommasetzung nach Regel 17 freigestellt ist, verfahren Sie bitte nach eigener Entscheidung!

Alles, was in Neugablonz glänzt, ist entweder aus Glas oder aus Plastik hergestellt und der Modeschmuck auf den Fidschiinseln oder in China stammt zu einem großen Teil aus der Gemeinde im Ostallgäu. Was in der Bundesrepublik auf dem Modemarkt an Accessoires zu kaufen ist, hat zumeist eine Neugablonzer Glashütte oder eine der dort etablierten Metallpressen, Gürtlereien oder Schleifereien durchlaufen oder es ist dort in Heimarbeit eingefädelt worden.

Gegründet wurden die Betriebe 1945 von Flüchtlingen aus dem böhmischen Gablonz entweder mit Mitteln aus dem Marshall-Plan oder sie wurden durch das Europäische Wiederaufbauprogramm (ERP) unterstützt. Die heimatvertriebenen Handwerker brachten ihr altüberliefertes Glasgewerbe aus Böhmen mit und bauten sich damit eine neue Existenz auf. Sie ließen sich, wenn möglich, entweder in dem Kaufbeurer Stadtteil Neugablonz nieder oder in Bayreuth, Karlsruhe, Oberursel oder Schwäbisch Gmünd.

Die Neugablonzer lassen sich weder durch die zeitweilig schlechte Konjunkturlage entmutigen noch machen sie sich Sorgen wegen der zunehmenden Konkurrenz aus Südkorea und Taiwan.

42. Kein Tresor konnte ihm widerstehen

Kommasetzung bei nebenordnenden Bindewörtern zwischen Satzgliedern oder Sätzen (Wiederholung)

Hier geht es um alle Kommafälle, die unter die Regeln 11 bis 13 (Seite 27/28) fallen:

Kein Tresor konnte ihm widerstehen. Weder der mit Geheimpapieren vollgestopfte Stahlschrank im Bundespräsidialamt war für ihn ein Problem noch der mit NATO-Unterlagen gefüllte Safe in einer Abteilung des Bundesverteidigungsministeriums. Im Handumdrehen öffnete der Duisburger Heinz K. Panzerschränke jedes Alters und Fabrikates. Er arbeitete aber nicht in der Dunkelheit der Nacht sondern stets am helllichten Tage und Angst vor Entdeckung brauchte er auch nicht zu haben: Heinz K. war sozusagen amtlich konzessionierter Tresorknacker bei einer Duisburger Stahlschrankfabrik.

Sein Handwerkszeug waren Fingerspitzengefühl und Erfahrung ferner eine ganze Portion Ruhe und ein bisschen Glück. Nur wenn alles nichts nützte, griff er zum Schneidbrenner. „Entweder kommt man damit ohne Umstände direkt zum Ziel oder die Arbeit mit der heißen Flamme zeigt ihre ganze Tücke“, weiß Heinz K. zu berichten. Werden die Stahlwände nämlich über 850 Grad heiß, so wird eine Sperre ausgelöst und verriegelt die Zahlenkombination. „Die Stahltür bleibt dann zu und alles war umsonst.“

Als Hauptkunden nahmen sowohl Baufirmen und andere Großunternehmen als auch und das mag besonders erstaunen Banken seine Dienste in Anspruch. In deren Kellern stehen meistens mehrere gleich aussehende Stahlschränke. Ihre Schlösser sind nicht nur kompliziert sondern auch sehr empfindlich. Schon die Benutzung eines falschen Bartschlüssels löst einen sensiblen Mechanismus aus und die Zahlenkombination wird gesperrt. Manchmal werden Zahlenfolgen auch verdreht oder sind ganz in Vergessenheit geraten. Besonders hart aber enttäuschend war sein Einsatz an einem Bankschließfach: Es enthielt bloß eine gehäkelte Decke außerdem einen Zettel mit einem kleinen schwarzen Gegenstand. Auf dem Papier stand: „Helmuts erster Milchzahn.“

Der nunmehr pensionierte Safeknacker gehört einer kleinen aber angesehenen Zunft an. In seinen fast 30 Dienstjahren hat Heinz K. keinen einzigen Berufskollegen kennen gelernt. Eine Alternative entweder seinen Beruf ehrlich weiter auszuüben oder mit seinen begehrten Fähigkeiten mal „einen großen Coup“ zu landen hat für ihn nie bestanden. Als Rentner widmet er sich nun seinem Haus und seinem Garten.

Weitere Hilfen und Beispiele zur Kommasetzung bei nebenordnenden Bindewörtern zwischen Satzgliedern finden Sie im Trainingsband „Das verflixte Komma“, Lernschritt 73 bis 82.

Das Komma bei nachgestellten Erläuterungen

Kommasetzung bei nebenordnenden nachgestellten Erläuterungen

43. Briefe haben es manchmal in sich ...

..., auch in puncto Kommasetzung! Denn in Briefen kommen fast immer „nachgestellte Erläuterungen" vor; das wird Ihnen die Lektüre von Regel [18] *auf Seite 29 bestätigen. Setzen Sie danach die fehlenden Kommas in die nachfolgenden Bruchstücke von Brieftexten:*

a) Oldenburg den 10. 06. 00

Sehr geehrter Postkunde

Ihr Antrag die für Sie eingehende Post bei uns lagern zu lassen ist hier eingegangen ...

... Wir bitten Sie, nach Ablauf des Lagerzeitraumes die Sendungen wie folgt abzuholen: von Montag bis Freitag in der Zeit von 8.00 Uhr bis 15.00 Uhr bei der Briefzustellung 4. Obergeschoss Bahnhofsplatz 10 Zimmer 421.

b) Aus diesem Anlass laden wir zu der am Freitag dem 6. Juni 2001 stattfindenden Jubiläumsfeier herzlich ein.

Wir würden uns freuen Sie an diesem Tag um 17.00 Uhr in unserem Verwaltungsgebäude in Hagen Schulstraße 54 begrüßen zu können.

c) Meine Lieben

hier der endgültige Ablauf unseres Klassentreffens:

Sonnabend den 07. 01. 2001:

11.00 Uhr	Empfang durch den jetzigen Direktor der Schule Herrn Dr. Altmann.
12.30 Uhr	Mittagessen in den „Pistorius-Stuben" in der Altstadt. Anschließend Mittagspause.
15.30 Uhr	Treffen in der Kneipe „Zum Kurfürstengaul" Westdamm 22 Neustadt gegenüber dem Hotel Witte. Anschließend Wanderung durch die Ahrbachniederung.
17.00 Uhr	Eintreffen im Rasthof Wöbbel am Ahrbachwehr. Dort werfen wir wieder einmal Bilder aus der Schulzeit an die Wand (natürlich mit Bildwerfer). Anschließend gemeinsames Essen.

Sonntag den 08. 01. 2001: 11.00 Frühschoppen bei Felix!

Nachtrag: Ich bitte euch liebe Ehemalige den vereinbarten Klassenkassen-Beitrag in Höhe von 30,- DM künftig an die Kreissparkasse Neustadt Zweigstelle Oberesch Kontonummer 013-1065 zu überweisen.

44. Stäbchen – in Japan bald nicht mehr „in“?

Kommasetzung bei nachgestellten Erläuterungen

Nehmen Sie in diesem Text bitte vor allem die „Beisätze“ (Appositionen) aufs Korn und setzen Sie die fehlenden Kommas:

Es ist ein rechter Krampf, wie sich sehr viele Japaner mit ihrem traditionellen Esswerkzeug den Stäbchen abmühen. Das hat Kimiaki Yatagai Assistenzprofessor an der Keihin-Frauenuniversität in Tokio nach intensiven Forschungen festgestellt. Sein erschütterndes Ergebnis: Von 8000 Erwachsenen und 5 000 Kindern, die er getestet hatte, bewies nur jeder Zweite beim Essen mit den Stäbchen einem doch alltäglichen „Werkzeug“ die erforderliche Geschicklichkeit. So ist es kein Wunder, dass sich insbesondere bei Kindern die sogenannten „Übungsstäbchen“ ein Behelfsbesteck mit Haken und Ösen für die Finger und geriffelten Enden steigender Beliebtheit erfreuen.

Schuld an der mangelnden Geschicklichkeit der Kinder einer für Japaner geradezu erschreckenden Erscheinung gibt der Assistenzprofessor den Eltern, die ihre Kinder nach allen Regeln der Kunst verwöhnen, anstatt sie von Anfang an richtig anzuleiten. Viele Kinder seien auch nicht imstande gekochte Eier zu schälen oder Wasser mit den Händen aufzunehmen. So werde die peinliche Sauberkeit ein in Japan selbstverständliches Gebot manchen Kindern letztlich abgewöhnt, wenn sie infolge ihrer Ungeschicklichkeit nicht mehr dazu kämen, sich selber zu waschen.

Weitere Hilfen und Beispiele zur Kommasetzung bei nachgestellten Erläuterungen finden Sie im Trainingsband „Das verflixte Komma“, Lernschritt 82 bis 90.

45. Was haben die Marder am Auto zu suchen?
(1. Teil)

Kommasetzung bei nachgestellten Erläuterungen mit hervorhebenden Einleitewörtern

Zusätzliche nähere Bestimmungen werden nicht selten durch hervorhebende Wörter eingeleitet. Bitte informieren Sie sich darüber bei Regel 15 *auf Seite 28. Entscheiden Sie dann, ob die Wörter, die in dieser Aufgabe durch Schrägdruck hervorgehoben sind, einen Grund für Kommasetzung liefern oder nicht:*

Die drolligen Übeltäter kommen immer nachts *besonders* in milden Mainächten. Sie schätzen stille, dunkle Ecken und Waldränder, aber auch mitten in der Großstadt schlagen sie zu und *zwar* lautlos und zunächst unbemerkt: Hier ist das Zündkabel abgezwickt, dort steht Kühlflüssigkeit in einer Lache auf dem Asphalt, und aus dem Motorraum eines Luxusfahrzeuges baumelt zerfetzt eine Dämmmatte ...

Die Übeltäter sind Tiere, die bei den meisten Menschen eine „Liebe auf den ersten Blick“ wecken *insbesondere* durch den treuherzigen Blick ihrer braunen, glitzernden Knopfaugen und den seidigen Schimmer ihres weichen Felles: Steinmarder. Skeptisch stimmen einen freilich die scharfen Krallen und vor allem die spitzen Zähne. Die setzen sie nämlich überall ein, wo sie zu Hause sind *vor allem* also in den Alpenländern. In Süddeutschland *z.B.* müssen alljährlich mehrere tausend Autos unter ihnen leiden und die Dunkelziffer *d.h.* die Anzahl der unbekannt gebliebenen Fälle ist hoch.

46. Was haben die Marder am Auto zu suchen?
(2. Teil)

Kommasetzung bei nachgestellten Erläuterungen mit hervorhebenden Einleitewörtern

Setzen Sie bitte die fehlenden Kommas bei nachgestellten Erläuterungen, die durch besondere Einleitewörter hervorgehoben werden (vgl. Regel 15 *, Seite 28):*

Dabei hat der Steinmarder eine reichhaltige Speisekarte; auch fehlen die Plastikteile, die er zerstört, fast nie; höchstens trägt der Autoschreck seine seltsame Beute ein paar Meter weiter z. B. unter das nächste Auto. Warum also treibt er sein technikfeindliches Unwesen? Die Beobachtungen mehrerer Wissenschaftler haben ergeben, dass 60% aller Schäden in nur drei Monaten des Jahres verursacht werden nämlich im Mai, Juni und Juli. In diese Zeit fallen nämlich die Beißtermine der „Halbstarken“ d. h. der jungen Marder, die ihre Umwelt insbesondere die abgestellten Autos studieren und erobern.

Die Marder zeigen eine Vorliebe für die gehobenen Autoklassen. Aber nicht etwa die Geräumigkeit des Motorraums in dieser Klasse lockt sie an, vielmehr schätzen sie insbesondere die engen, weil mit vielerlei „Spielzeug“ ausgestatteten Vorderteile der Luxusmodelle.

In eine andere Richtung weist die Erkenntnis, dass sich die flinken Fahrzeugkiller vor allem an Autos zu schaffen machen, die nachts abgestellt wurden. Der Motor ist also noch warm, wenn der Marder auf seinen Streifzug geht. Aber nicht so sehr die gemütliche Wärme zieht den nächtlichen Jäger an, sondern nur ganz bestimmte Kabel und Schläuche nämlich die aus Silikonkautschuk sind den Attacken in bevorzugtem Maße ausgesetzt. Und je motornäher also meist auch heißer die interessanten Teile liegen, desto zahlreicher sind die Beschädigungen. Die vermutliche Ursache ist, dass Silikonkautschuk bei hohen Temperaturen gasförmige Stoffe aussendet und deren Duft fordert die Marder offenbar besonders heraus.

Weitere Hilfen und Beispiele zur Kommasetzung bei nachgestellten Erläuterungen mit hervorhebenden Einleitewörtern finden Sie im Trainingsband „Das verflixte Komma“, Lernschritt 83 bis 90.

47. Hoch auf dem gelben Wagen ...

Kommasetzung bei Grundformen mit „zu“

Kommasetzung bei Grundformen mit „zu“. Dieser früher so schwierige „Kommafall“ ist durch die Rechtschreibreform weitgehend erleichtert worden. Lesen Sie dazu bitte Regel [16] *auf Seite 29.*
Setzen Sie dann die fehlenden Kommas.

Der 25. Dezember war ein denkwürdiger Tag: Zum letzten Mal setzten sich in Berlin die Pferde eines Postwagens in Trab um Pakete auszufahren. Dann war die Zeit der Postkutschen in Deutschland endgültig vorbei. Die Postillione hatten sich damit abzufinden das Feld den Lastkraftwagen zu überlassen.

Bis in die Mitte des 19.Jahrhunderts beförderten die Postkutschen ohne Konkurrenz befürchten zu müssen Briefe, Pakete und Personen und beherrschten die deutschen Überlandverbindungen. Obwohl es 1856 schon viele Möglichkeiten gab mit der Eisenbahn ein weiter entferntes Ziel zu erreichen legten zwei- und vierspännige Postkutschen allein in Preußen 4,3 Millionen Meilen zurück. Der Schienenverkehr brachte es nur auf 1,3 Millionen Kilometer.

Als Passagier mit der Postkutsche zu reisen das war immer ein Abenteuer. Die Straßen waren schlecht und unsicher; man musste darauf gefasst sein überfallen zu werden; auch tat man gut daran sich mit warmen Kleidungsstücken einzudecken, und fromme Fahrgäste pflegten ab und zu zu beten.

Der Postillion, der „hoch auf dem gelben Wagen“ thronte, war sich seiner wichtigen Rolle wohl bewusst. Zwar war es ihm verboten Trinkgelder anzunehmen aber man drückte oft genug beide Augen zu. Schließlich legte mancher besonders eilige Reisende Wert darauf früher als vorgesehen am Zielort zu sein.

Trotz des Ausbaus des Straßennetzes und vieler Verfeinerungen im Wagenbau war es auch weiterhin kein reines Vergnügen mit der Post zu reisen. Vor allem hatte man „Sitzfleisch“ mitzubringen, dauerte doch z. B. die Fahrt von Köln nach Koblenz rund zehn Stunden. Aber Anschlusskutschen waren gesichert und auch der Service kam nicht zu kurz. Auf Tagesreisen gab es dreimal täglich etwas zu essen und zu trinken. Zudem gewährte die Post ihren Passagieren genug Zeit zum Rasten, damit sie bei Kräften blieben.

Ab 1870 trat die Eisenbahn bei der Personenbeförderung an die Stelle der Postkutsche. Der größte Konkurrent aber wurde das Automobil, das sich zu Anfang des 20. Jahrhunderts dazu anschickte die Welt zu erobern. Die Reichspost erkannte frühzeitig die Zeichen der Zeit. Aber die damaligen „Benzin-Kutschen“ waren noch zu wenig belastbar um die Beförderung von Personen und Mengengütern zu übernehmen. Doch das änderte sich schnell. 1910 verfügte die Post schon über 70 Fahrzeuge, die in Berlin, Dortmund, Duisburg, Hamburg, Köln, Leipzig und Mannheim eingesetzt wurden. Als Kuriosum gab es sogar den „Briefträgerwagen“, der zwischen dem Hauptpostamt und den einzelnen Zustellbezirken pendelte. Sein elektrischer Antrieb reichte immerhin aus ihn auf asphaltierter, ebener Straße 70 Kilometer weit rollen zu lassen.

Seit 1981 erprobt die deutsche Post Elektrofahrzeuge als Lieferwagen. Sie leistet damit Pionierarbeit.

48. Sechs Witzchen

Das Komma bei wörtlicher Rede

Die folgenden Witzchen zeigen Ihnen alle Möglichkeiten der Zeichensetzung bei der wörtlichen Rede – mit Ausnahme der Kommas: Die setzen Sie bitte selber! (Vgl. dazu Regel [17] *, S. 29)*

Boss zum Mitarbeiter: „Sie sind mein bestes Pferd im Stall!" Ach?" fragt der erfreut. „Ja" sagt der Boss grimmig „Sie machen den meisten Mist."

„Komm, lass uns an den FKK-Strand gehen!" sagt ein Skelett zum andern. „Ach nee" winkt das andere ab „da blamieren wir uns ja bis auf die Knochen!"

„Unmöglich seid ihr jungen Leute heutzutage" regt sich die Mutter auf „mit fünfzehn schon einen festen Freund, aber Mutters dreißigsten Geburtstag vergessen!"

„Warum wird es denn plötzlich so dunkel?" fragt nervös die Freundin den Sportwagenfahrer. „Ach, keine Angst, Süße" antwortet der gelassen „gleich sind wir unter dem Lastwagen durch!"

„Herr General" meldet der Leutnant „Schütze Meier ist ohne Fallschirm abgesprungen!" „Was, schon wieder?" fragt der General erbost.

„Whisky, Zigaretten, Marihuana?" fragt der Zöllner. „Nein, danke" antwortet der Reisende freundlich „hab ich alles selber im Koffer."

49. Bunte Träume im „Schneezimmer"

Komma vor „und" bzw. „oder" nach einem Zwischensatz oder Beisatz

Setzen Sie bitte – nur – dort ein Komma vor „und" bzw. „oder", wo nach Information [18]*, S. 29, eines stehen muss:*

Die „Schneekönigin" wohnt in Schwerte, einem Ort im Ruhrgebiet und heißt Juliane S. Sie besitzt über 2000 sogenannte Schneekugeln aus aller Welt. Angefangen hat es vor Jahren mit einer Wette. Ein Bekannter hatte behauptet: „Du schaffst es nicht, in zwölf Monaten 150 Schneekugeln zu sammeln." Die Pädagogin ging darauf ein, weil sie ihrer Sache sicher war und erreichte ihr Ziel bereits nach drei Monaten. Die Wette war gewonnen und bald regte sich der Wunsch zu erfahren, seit wann, wo und warum es diesen „herrlichen Kitsch" gibt. Sie begann zu forschen. Die Schneekugeln boten so viel Interessantes, dass sie daran ging, ihre Doktorarbeit darüber zu schreiben.

Schon im Mittelalter soll es Glaskugeln mit eingebauten Bildern, oft religiösen Inhalts und Figuren gegeben haben, ähnlich wie bei einem Buddelschiff. Um die Gegenstände größer erscheinen zu lassen, kam man darauf, die Glaskugeln mit Flüssigkeit zu füllen und in den fünfziger Jahren traten an die Stelle der Glaskugeln Kugeln aus Plastik. Schüttelt man sie, so fängt es darin an zu schneien, ob auf eine Alpenlandschaft, egal zu welcher Jahreszeit oder in arabischer Wüste.

Wenn die Kugeln nicht von Zeit zu Zeit durchgeschüttel, werden, droht der Schnee zu verkleben. Juliane S. lädt darum jedes Vierteljahr Kinder dazu ein, alle 2000 Kugeln kräftig zu bewegen und das tun sie mit großer Begeisterung.

50. Der Tango – ein Tanz mit viel Seele

Setzen Sie bitte die Kommas:

Die Musik klingt nicht fröhlich und das Gebaren der männlichen Tänzer drückt eher den Wunsch aus das andere Geschlecht zu beherrschen was nicht nur in Argentinien mit dem Wort „Macho" umschrieben wird. Die Rede ist vom Tango aber nicht von jenem Salontanz der in deutschen Tanzschulen gelehrt wird sondern von der Ursprungsform dieses „traurigen Gedankens den man tanzen kann" wie der Dichter Discepolo aus Argentinien dem Herkunftsland dieser seltsam wehmütigen Musik einmal gesagt hat.

Buenos Aires ist auch heute noch die Heimatstadt des Tango. In den düsteren Vorstädten wo sich die meist bitterarmen europäischen Einwanderer miteinander verschmolzen stand seine Wiege. Der Tango eine Form der Musikballade fand nie Eingang in die Häuser der Reichen und Gebildeten. Heute drückt der Tango so etwas wie ein nationales Identitätsgefühl aus. In der Altstadt von Buenos Aires u. a. in San Telmo ist in den vergangenen Jahren eine neue Tango-Kultur entstanden die von Touristen wie Einheimischen gierig aufgenommen wird.

Einige Tanzlokale sind geradezu Tango-Kultstätten z. B. „Viego Amamcen" oder „Tangoneando" und sind allabendlich voll besetzt. Die Musik ist echt und die Tänzer sind keine Show-Stars weil der Tango eben nur nach einer einzigen Art gesungen und getanzt werden kann nämlich mit einer Leidenschaft aus der die Seele spricht und bis an die Hüfte aufgeschlitztem Kleid. Zahlreiche Europäer sind darauf aus Bewegung und Gesang in einer der vielen Schulen zu lernen. Aber Tango ist mehr als Schrittkombinationen er ist zunächst ein kulturelles Erbe Ausdruck einer Art Klassenkampf und Spiegelbild eines Leidens das vermutlich nur Südamerikaner empfinden und das nur sie im Tanze darstellen können.

Wie Dieter Reichardt in seinem in Deutsch erschienen „Tango"-Buch schreibt entstand die Musik Ende des 19. Jahrhunderts aus dem Zusammenfluss einheimischer vor allem aber spanischer italienischer und kubanischer Elemente. Dem zunächst fremd wirkenden Zauber dieser in Bewegung umgesetzten Poesie vermag sich kaum jemand zu entziehen. Auf den Fremden mögen Musik und Tanzrhythmus erotisch wirken doch der argentinische Tango drückt in erster Linie Melancholie Trauer und die Sehnsucht nach Freiheit aus. Hatten selbst die Militärs während ihrer Diktatur den Tango nicht aus den Rundfunkprogrammen verbannen können so erlebt er heute nachdem er international fast in Vergessenheit geraten war eine erstaunliche Wiedergeburt. (Nach Gerd Reuter in der Nordwest-Zeitung, Oldenburg).

Regeln zur Kommasetzung (kurze Zusammenfassung)

Diese Regeln sind angelehnt an die ausführlichere Darstellung in „Das verflixte Komma" (Anhang), Ernst Klett Verlag, Stuttgart, ISBN 3-12-766711-6.

1 a) **Zwischen denTeilen einer Aufzählung stehen entweder Kommas oder „und/sowie/oder".**
Beispiele: *Dänemarks Bauern erzeugen große Überschüsse an Butter, Käse, Fleisch und Eiern.*
Im nächsten Urlaub reisen wir nach Dänemark, Schweden oder Finnland.

b) Bei Unklarheit, ob es sich um eine Aufzählung handelt oder nicht, hilft die Aufzählungs-Probe ohne „und"

... eine seltene (und) wertvolle Briefmarke → „und" passt! Komma setzen!

... eine seltene (und) dänische Briefmarke → „und" passt nicht! Kein Komma setzen!

2 Zwischen Hauptsätzen steht gewöhnlich ein Punkt oder ein Fragezeichen oder ein Ausrufezeichen. Soll jedoch ein enger Zusammenhang zwischen zwei Hauptsätzen verdeutlicht werden, so kann an die Stelle des Punktes ein Komma treten.

Wo ein Punkt stehen könnte, muss auf jeden Fall zumindest ein Komma stehen.

3 **Hauptsatz und Nebensatz werden immer durch Komma(s) voneinander getrennt.**
Ein Nebensatz unterscheidet sich normalerweise durch drei Merkmale von einem Hauptsatz:
a) Ein Nebensatz kann nicht alleine stehen.
Beispiel: *Weil es ununterbrochen regnete.* (???)
b) Am Anfang eines Nebensatzes steht meistens ein besonderes Einleitewort.
Beispiel: ..., *weil es ununterbrochen regnete.*
c) Am Ende des Nebensatzes steht gewöhnlich das gebeugte Zeitwort.
Beispiel ..., *weil es ununterbrochen regnete.*

4 Ein **Nebensatz** kann stehen
a) **als Nachsatz:**
Wir können dieses Spiel noch gewinnen, *wenn wir uns in der zweiten Halbzeit steigern.*
b) **als Zwischensatz:**
Wir können, *wenn wir uns in der zweiten Halbzeit steigern*, dieses Spiel noch gewinnen.
c) **als Vordersatz:**
Wenn wir uns in der zweiten Halbzeit steigern, können wir dieses Spiel noch gewinnen.

5 Die erste Gruppe der besonderen Einleitewörter für Nebensätze sind nebenordnende Bindewörter; die gebräuchlichsten sind:

wenn weil dass sodass
obwohl obgleich damit als ob ob
indem nachdem seitdem bevor
während als wie seit bis

Die unterstrichenen Bindewörter leiten immer einen Nebensatz ein. Bei den übrigen muss geprüft werden, ob sie einen Nebensatz einleiten (Komma setzen!) oder ob sie nur Teile eines Satzes miteinander verbinden (kein Komma!).

6 **Es gibt verkleidete Wenn-, Dass- und Als-ob-Sätze.**

Wenn-Satz:	*Wenn der Wecker nicht stehen geblieben wäre,* so hätte ich nicht verschlafen.
Verkleideter Wenn-Satz:	*Wäre der Wecker nicht stehen geblieben,* so hätte ich nicht verschlafen.
Dass-Satz:	Niemand kann uns einreden, *dass Zahnschmerzen ihm nichts ausmachten.*
Verkleideter Dass-Satz:	Niemand kann uns einreden, *Zahnschmerzen machten ihm nichts aus.*
Als-ob-Satz:	Manche Tierliebhaber erzählen von ihrem Hund, *als ob er ein Mensch wäre.*
Verkleideter Als-ob-Satz:	Manche Tierliebhaber erzählen von ihrem Hund, *als wäre er ein Mensch.*

7 Die zweite Gruppe der besonderen Einleitewörter für Nebensätze sind Fragewörter. Sie beginnen alle mit dem Buchstaben „w"; man nennt sie darum auch „W-Wörter":

wer, was	**wo**	**warum**	**welcher**	**wann**
wessen	**wohin**	**weshalb**	**welche**	**wie lange**
wem, wen	**woher**		**welches**	**wie oft**

Hinzu kommen Zusammensetzungen mit „wo": **woran, worauf, worin, womit, wodurch, wofür, ...**

8 Die dritte Gruppe der besonderen Einleitewörter für Nebensätze sind die bezüglichen Fürwörter. Allgemein üblich ist der Fachausdruck „Relativpronomen"; die damit eingeleiteten Nebensätze heißen „Relativsätze". Relativsätze gibt es in allen vier Fällen, wie bei dem Hauptwort, auf das sie sich beziehen. Äußerlich verschieden sind acht Formen des Relativpronomens:

der, die, das, dessen, dem, den, deren, denen

9 Zweiteilige Satzgefüge bestehen nur aus einem Hauptsatz und einem Nebensatz. Mehrteilige Satzgefüge bestehen aus mindestens einem Hauptsatz und mindestens zwei Nebensätzen.
Alle Teilsätze eines mehrteiligen Satzgefüges werden durch Komma(s) voneinander getrennt.

10 **Nebensätze kann man aufzählen.** Sie unterliegen dann der Kommaregel, die für Aufzählungen gilt (siehe Regel 1a).

11 **Von „ferner" und „außerdem" zwischen aufgezählten Satzgliedern sowie vor „aber" und „sondern" zwischen gegensätzlichen Satzgliedern steht immer ein Komma.**

Beispiele: Ich sammle Briefmarken, *ferner / außerdem Bierdeckel und Kitschpostkarten.*
Du bist ein guter Schachspieler, *aber leider ein schlechter Verlierer.*

Gegenbeispiele: Mein Hobby ist Briefmarkensammeln. Ich interessiere mich *ferner / außerdem* für Bierdeckel und Kitschpostkarten.
Du bist ein guter Schachspieler. Du kannst *aber* leider schlecht verlieren.

12 **Zwischen den Bindewort-Paaren „teils – teils", „zum einen – zum anderen", „nicht nur – sondern auch", „einerseits – andererseits" steht ein Komma.**

Beispiele: Diese Aquarelle habe ich *teils* in freier Natur, *teils* in meinem Arbeitszimmer gemalt. –
Er verfügt *zum einen* über die nötige Ausdauer, *zum anderen* auch über ein gewisses Talent. –
Wir haben *nicht nur* ausgiebig getanzt, *sondern* uns *auch* sehr gut unterhalten. –
Einerseits ist Hermann ein alter Freund, *andererseits* mein schärfster Konkurrent.

13 **Kein Komma steht zwischen Satzgliedern, die durch diese Bindewörter verbunden sind:**

Sogar zwischen Sätzen, die durch „und" / „oder" sowie durch die genannten Bindewort-Paare verbunden wurden, braucht kein Komma gesetzt zu werden*. Man darf aber eines setzen, wenn man die so verbundenen Hauptsätze deutlich auseinander halten will.

* Diese Regelung bildet eine Ausnahme von Regel 3.

Vergleichen Sie bitte:

Die Katze sprang auf die Fensterbank und stieß dabei einen Blumentopf um.
Leider kann ich weder zu Weihnachten noch zu Neujahr kommen.
Jeden Sommer bekam sie entweder Heuschnupfen oder Rheuma.

Die Katze sprang auf die Fensterbank(,) und dabei stieß sie einen Blumentopf um.
Leider kann ich weder zu Weihnachten kommen(,) noch bin ich Neujahr abkömmlich.
Jeden Sommer bekam sie entweder Heuschnupfen(,) oder sie wurde vom Rheuma geplagt.

14 **Nachgestellte Erläuterungen werden durch Komma(s) abgetrennt.**
Als nachgestellte Erläuterungen kommen insbesondere vor:

die nachgestellte Erläuterung ohne Einleitewort Datum Uhrzeit Anrede Beisatz (Apposition)

Vergleichen Sie bitte:
So ist es eine nachgestellte Erläuterung – Komma(s) setzen:

a) Abreise am Freitag, *dem 9. 8. 97, 21 Uhr,* ab Bremen.
b) Als Anlage schicken wir Ihnen, *sehr geehrter Herr Doktor,* den erbetenen Untersuchungsbericht über Frau Anna Schunk, *Ihre Patientin.*
c) Abholzeiten der gelagerten Post: Montag bis Freitag, *8 bis 15 Uhr, Postamt Bahnhofsplatz 10, 4. Obergeschoss, Briefzustellung, Zimmer 421.*

So ist es ein unauffälliger Bestandteil des Satzes – kein Komma setzen:

Abreise *am 9. 8. 1997 um 21 Uhr* ab Bremen.

Als Anlage schicken wir Ihnen den erbetenen Untersuchungsbericht über *Ihre Patientin Anna Schunk.*

Wir bitten Sie, die gelagerte Post von Montag bis Freitag *in der Zeit von 8 bis 15 Uhr bei der Briefzustellung in Zimmer 421 des 4. Obergeschosses im Postamt am Bahnhofsplatz* abzuholen.

15 **Nachgestellte Erläuterungen mit hervorhebendem Einleitewort werden durch Komma(s) abgetrennt.**

Als hervorhebende Einleitewörter werden insbesondere verwendet:

nämlich	**und zwar**	**insbesondere**	**besonders**	**also**
etwa	**hauptsächlich**	**vor allem**	**zumal**	**d. h.**
z. B.		**u. a.**	**sogar**	**auch**

Die so hervorgehobenen Zusätze müssen durch Komma(s) abgetrennt werden.
Zusammenfassend gilt für Regel 14 und 15:

Zusätzliche nähere Bestimmungen
- unterbrechen den Sprachfluss,
- sind nicht durch ein Verhältniswort mit dem übrigen Text verbunden,
- werden durch Komma(s) abgetrennt.

Unauffällige Bestandteile des Satzes
- unterbrechen den Sprachfluss nicht,
- sind oft durch ein Verhältniswort mit dem übrigen Text verbunden,
- werden nicht durch Komma(s) abgetrennt.

16 Die Grundform des Verbs (= der Infinitiv) mit „zu“ muss nur dann durch Komma(s) abgetrennt werden, wenn ein Wort („Deutewort“) im übergeordneten Satz darauf hinweist.

Beispiele:
Einen schwachen Gegner zu besiegen, *das* ist keine Ruhmestat.
Es ist oft schwer, einer Verlockung zu widerstehen.
Wir erinnern *daran*, den fälligen Beitrag zu zahlen.

Hinweisende Wörter sind z. B.:
das es daran darauf damit dazu ...

17 Der eingeschobene Begleitsatz einer wörtlichen Rede wird durch Kommas abgetrennt.

Beispiele:
„Ich freue mich schon“, sagte er, „auf das Wiedersehen.“
„Ich freue mich schon jetzt“, sagte er, „dass wir uns übermorgen wiedersehen!“

Der nachgestellte Begleitsatz einer wörtlichen Rede wird immer durch ein Komma abgetrennt.

Beispiele:
„Wir treffen uns morgen wieder“, sagte sie .
„Wo treffen wir uns morgen?“, fragte sie.
„Und bitte pünktlich da sein!“, bat sie.

18 Vor „und“ bzw. „oder“ muss ein Komma gesetzt werden, wenn ein Zwischensatz oder ein Beisatz (= eine Apposition) vorausgeht.

Beispiele:
Ich weiß, dass du dich auskennst, und werde deinen Rat befolgen.
Er ging ins Büro, sein eigentliches Zuhause, und vergrub sich in seine Akten.

Lösungen

1. 2/Getriebebox, 2/Geschwindigkeiten, 2/Zweiganggetriebe, 3/Frontscheinwerfer, 3/hinten, 3/Pendelachse, 3/Luftprofilreifen,
2. 1/Fünfganggetriebe, 1/Nebelschlussleuchte, 2/rundum, 2/Kennfeldzündung, 2/Lenkrad, 3/Rücksitzbank, 3/Leseleuchte, 4/Anzahlung, 4/Jahreszins,
3. 2/Delphins, 2/Albatros, 2/Gottesanbeterin, 3/Tierwanderungen, 4/Säugetiere, 4/Reptilien, 4/Fische, 4/Insekten, 6/Reiseziele, 6/Autobahnkarten, 7/Naturparks, 8/gebunden, 9/klaren, 9/holzfreie, 10/Lesbarkeit, 11/Spott, 11/Spaß, 11/Närrisches, 12/Busch, 12/Morgenstern, 12/Grimmelshausen, 12/Tucholsky, 12/Kreisler, 13/Erhardt,
4. 4/zu, 7/gelb, 10/Leguane,
5. 3/Kost, 4/Lungenbeutel, 10/tritt, 10/windet, 11/aus,
6. 3/Nervensystems, 3/Ersticken, 5/Nattern, 7/Säugetiere, 7/Frösche, 10/Schlangenarten, 10/Hass, 11/Arglist,
7. 2/hören, 4/Hornissen,
8. 1/zerstört, 2/Parklandschaften, 4/Jäger, 6/Jahr, 7/überwintern,
9. 1/Nest *(Punkt)*. 1/Nisthöhle *(Komma)*, 2/Mikroklima *(Punkt)*. 3/unaufhörlich *(Komma)*, 4/her *(Punkt)*. 3/aus *(Komma)*, 4/Heimstatt *(Punkt)*. 5/Weg *(Punkt)*. 5/Eierlegen *(Komma)*,
10. 1/Gramm(,) 5/Nistmöglichkeiten
11. 1/Nest(,) 3/Beine, 3/Flügel, 4/Kauwerkzeuge, 6/Kohlehydraten(,) 8/Insekten(,) 9/Eschen, 9/Flieder, 9/an, 11/Obst, 12/Früchte(,) 15/erfrieren, 17/nicht(,)
12. *Zu kennzeichnen sind: in Zeile* 1 seitdem, *in Zeile* 3 haben, *in Zeile* 4 dass, *in Zeile* 4 kannte, *in Zeile* 5 weil, *in Zeile* 6 verdrängte, *in Zeile* 8 dass, *in Zeile* 8 raucht, *in Zeile* 8 wenn, *in Zeile* 9 erscheint, *in Zeile* 10 dass, *in Zeile* 10 sind, *in Zeile* 13 damit, *in Zeile* 13 können, *in Zeile* 15 dass, *in Zeile* 16 steht, *in Zeile* 17 indem, *in Zeile* 18 besucht.
13. 1/her, (dass ... wurde) 3/glauben, (dass ... wurde) 4/700, (weil ... feierte) 7/tragen, (wenn ... wollte) 9/dahin, (dass ... geriet) 11/Kulturtechnik, (so dass ... waren) 14/Drahtbrille", (weil ... senkte) 16/ein, (so dass ... konnte) 18/an, (weil ... war) 20/erkennen, (wenn ... trüge)
14. 1.a) 700, weil ... feierte, 1.b) Weil ... feierte, 1.c) Amsterdam, weil ... feierte, 2.a) Gelehrte, wenn ... wollte 2.b) tragen, wenn ... wollte, 2.c) Wenn ... wollte, 3.a) Weil ... war, 3.b) zeigte, weil ... war, 3.c) an, weil ... war
15. 1/her, 3/Entdeckung, 5/auf, 6/Tages, 6/hatte, 8/er, 8/war, 10/nicht, 11/war, 13/helfen, 14/schmeckte, 17/konnte, 18/hatte, 19/froh,
16. 1/kommen, 2/vor, 3/aus, 6/Idee, 7/weg, 9/Wettbewerbsbedingungen, 10/fraglich, 11/erreicht, 13/haben, 13/herum, 15/verschafft, 17/haben, 18/auf, 18/wird, 19/herrschen,
17. 2/war, 4/jedoch, 4/haben, 5/weiß, 8/gibt, 11/fühlen, 13/gestorben, 14/vergehen, 15/Maße, 15/wächst, 17/Vorschlägen, 17/kann,
18. 1.a) umrundeten, 2.b) vergangen, 3.a) herumprobiert, 4.b) erst, 5.b) Deutschen, hervorgeht,
19. 5/erhalten, 6/später, 6/hatten, 7/lange, 10/Vermutung, 11/Frage, 11/kann, 14/erregte, 16/wird, 18/geworden, 21/verstärken, 26/wurden, 27/haben,
20. 2/beginnen, 2/davor, 4/geschehe, 7/Zeit, 8/Vermutung, 10/erwartete, 14/ernährt, 16/hat, 18/mitteilte, 19/auf, 20/sich, 22/aufwühlen, 23/aufgewirbelt,
21. 1/Wasserspiegel, 2/aus, 4/Schaden, 6/wichtig, 7/entdeckten, 7/sinken, 9/zu, 10/wichtig, 11/werden, 12/werden, 14/wird, 16/durchgeknetet, 17/ist, 17/stand, 20/Gefahr, 21/und, 21/ist, 22/ständig, 23/geschah, 25/nüchtern,
22. 3/Verdacht, 4/geworden, 6/leben, 7/Zollausland, 10/erwerben, 11/Schmugglerparadies, 14/gefunden,
23. 1/einreden, 1/Behauptung, 2/Gebiss, 4/verstehen, 5/ausdrücken, 7/hinzu, 8/Entschluss, 8/anstrengen, 10/annehmen, 11/Fußballmannschaft, 11/zeigen,
24. 2/Dackel, 3/gehalten, 4/Meldungen, 6/dazu, 7/auf, 8/so, 9/hervor, 11/Vermutungen, 11/Winter,
25. 2/laufen, 2/gedeiht, 3/versichert, 4/sie, 5/anlegen, 6/Nahrung, 7/hängen geblieben, 8/auf, 10/hat, 11/es, 14/weltbekannt, 16/preiswerter,
26. 1/meint, 2/auch, 4/gedeihen, 8/verlassen, 9/lange, 10/Zeit,
27. 2/gestellt, 4/war, 5/Hamburg, 6/wandte, 7/Mecklenburg, 8/streben, 9/wollte, 11/Wasser, 12/auch, 13/Spitzen, 14/genügte, 16/verkürzen,
28. 1/ab, 3/nach, 5/staunen, 6/Doppelknopf, 7/Kleiderzierde, 7/heute, 8/erfüllt, 8/nichts, 11/füllten, 11/hatten, 12/erklärt, 14/wollte, 17/ist, 18/Look,
29. 1/Gold, 1/wurde, 2/zurück, 3/Grab, 4/Fachwelt, 5/ahnte, 6/Ausgrabungen, 6/erfassten, 8/Gesamtgewicht, 9/haben, 10/Troja,
30. 1/Vulkankatastrophe, 1/heimsuchte, 2/Insel, 2/war, 4/bedeckt, 5/Gelehrten, 6/vermittelte, 6/Lebewesen, 7/wurde, 8/Neuansiedler, 9/erschienen, 10/Lavaregen, 10/war, 12/Gras, 14/ausmachen, 16/zurückerobert, 17/Lebensformen, 17/hatte, 18/Lebewesen, 18/schwebten,

31. 1/Delphindressuren, 1/gehören, 2/„Greenpeace“, 3/ist, 4/Meeressäuger, 4/gilt, 6/„Flipper“, 7/Nachahmer, 8/wird, 11/Becken, 11/müssen, 12/R. R., 13/kennen lernte,
32. 1/Stundenkilometern, 2/können, 2/Körper, 3/anpasst, 4/Delphine, 5/ist, 6/Dressurleistungen, 6/applaudieren, 6/gleichen, 9/Schallmesssystem, 11/orten, 12/Metallkugeln,
33. 1/Tag, 2/Wagen, 3/verwirklichte, 5/Benz, 6/ausfuhr, 8/Automobil, 10/Welt, 13/Benz, 17/Wagen, 18/hatte
34. 1/erfunden, 3/Motor, 4/erhielt, 4/Fahrzeugmotor, 5/Versuche, 5/führten, 7/Lenoir, 8/Weiterentwicklung, 9/hätte, 10/geschaffen, 11/Daimler, 12/muss, 13/Hinweis,
35. 1/schicken, 2/bat, 2/möge, 3/Anekdote, 3/stand, 3/werden, 5/bekämpft, 6/Menschen, 6/können, 7/handelt, 8/„Sich beschnüffeln“, 9/ist, 10/Verbrechern, 11/kann, 11/erschwert, 13/hat, 13/Untersuchungen, 14/hervorgeht, 14/kann, 14/hat, 15/Lebensmonat, 16/verhungern,
36. 2/anders, 2/ist, 3/unbeliebt, 3/sich, 4/ist, 4/bringt, 5/meisten, 6/Sinnen, 7/wurden, 8/Nase, 9/können, 9/wären, 9/verkümmert, 10/mehr, 11/Geschmackssinn, 12/jemandem, 12/zuhält, 13/schieben, 13/Apfelstück, 14/können, 14/hat, 15/ist, 16/das, 16/riecht, 18/auch, 18/bedeutet, 19/Nase,19/Sinnesorgan, 20/vor, 20/häufiger, 21/denken, 22/berechtigt, 22/atmen, 23/schneuzt, 23/merkt, 26/hat, 26/feststellen, 27/Spürnase,
37. 4/bewirkt, 4/sind, 6/erforderlich, 10/überfordern, 11/durchführen,
38. 2/berichtete, 2/wenigsten, 3/genutzt, 4/lassen, 6/liefern, 6/enthalten, 7/Meldungen, 7/könnten, 8/sind, 9/zusammengefasst, 12/können, 13/hierzulande, 13/anlangt, 13/leben, 14/Bevölkerungsschichten, 14/sind 17/Mütter, 18/alles, 18/braucht, 19/erwiesen, 19/ausreicht, 20/vermuten, 22/schützt,
39. 2/Salpeter, 4/erfunden, 5/ein, 8/Untier, 10/ein, 11/Michael,
40. 1/abgebrannt, 9/Böse, 11/Fürsten, 12/Raffinessen, 18/Lebensfreude, 20/Luft,
41. *Die Kommasetzung ist freigestellt in:*
1/hergestellt(,) 4/durchlaufen(,) 7/Plan(,) 11/entmutigen(,)
Sonst keine Kommas!
42. *Ein Komma muss stehen in:*
4/Nacht, 7/Erfahrung, 14/kompliziert, 17/hart, 18/Decke, 20/kleinen,
Die Kommasetzung ist freigestellt in:
5/Tage(,) 9/Ziel(,) 11/zu(,) 12/auch(,) 13/erstaunen(,) 15/aus(,)
43. 1a) 1/Oldenburg, 5/Briefzustellung, 5/Obergeschoss, 6/Bahnhofsplatz 10,
1b) 1/Freitag, 1/1996, 3/Hagen, 4/54,
1c) 1/Lieben, 3/Sonnabend, 4/Schule, 6/Kurfürstengaul“, 6/22, 6/Neustadt, 11/Sonntag, 12/euch, 12/Ehemalige, 13/Neustadt, 13/Oberesch, 13/013-1065,
44. 1/Esswerkzeug, 1/Stäbchen, 2/Yatagai, 2/Tokio, 4/Stäbchen, 5/„Werkzeug“, 6/„Übungsstäbchen“, 7/Enden, 8/Kinder, 9/Erscheinung, 11/Sauberkeit, 12/Gebot,
Komma ist freigestellt in: 5/sich(,) + 5/Kindern(,)
45. 1/nachts, 2/zu, 5/wecken, 8/sind, 10/Dunkelziffer, 10/Fälle,
46. 2/weiter, 4/werden, 5/„Halbstarken“, 6/Umwelt, 6/Autos, 13/Schläuche, 13/Silikonkautschuk, 14/motornäher, 14/heißer,
47. 3/abzufinden, 6/gab, 9/reisen, 10/sein, 10/daran, 13/verboten, 14/darauf, 16/Vergnügen, 21/anschickte,
48. 2/„Ja“, 2/grimmig, 3/gehen!“, 3/nee“, 5/heutzutage“, 5/auf, 7/dunkel?“, 11/Marihuana?“, 12/danke“, 12/freundlich“,
49. 1/Ruhrgebiet, 4/war, 5/Inhalts, 10/füllen, 12/Jahreszeit, 14/bewegen,
50. *Hinter allen Kommaplätzen werden die zuständigen Regeln angegeben:*
2/beherrschen, [7] 3/Tango, [11] 3/Salontanz, [8] 3/wird, [11] 4/Gedankens, [8] 4/kann“, [5] 5/Argentinien, + 5/Musik, [14] 6/Vorstädten, + 7/verschmolzen, [7] 7/Tango, + 8/Musikballade, [14] 9/Aires, + 9/Telmo, [15] 10/entstanden, [8] 12/Kultstätten, [15] 12/Tangoneando, [18] 13/Stars, [5] 14/kann, [15] 14/Leidenschaft, [8] 15/spricht, [18] 15/aus, [16] 16/Schrittkombinationen, [2] 17/Erbe, [1] 17/Leidens, [8] 19/schreibt, [5] 20/einheimischer, [15] 20/spanischer, [1] 23/wirken, [2] 23/Melancholie, [1] 25/können, [6] 25/heute, + 25/war, [5]
Kommaplätze mit freigestellter Kommasetzung:
1/fröhlich(,) 13 14/echt(,) 13

Hilfen für die deutsche Sprache

Die verflixte Rechtschreibung

Lehrgang und Übungshefte zur reformierten Rechtschreibung

Heft 1: **Groß- und Kleinschreibung/Zusammen- und Getrenntschreibung**
Von E. Schlutz
Klettbuch 768611

Heft 2: **Gleiche und ähnliche Laute/S-Laute**
Von H. Wacker
Klettbuch 768621

Heft 3: **Dehnung und Schärfung**
Von M. Maier
Klettbuch 768631

Das verflixte Komma

Von H. Siems

Trainingsband	Klettbuch 766711
Textheft (einzeln)	Klettbuch 766721
Übungsheft	Klettbuch 766741

Deutsche Grammatik im Überblick

Von L. Kröner

Grammatik	Klettbuch 768701
Übungen	Klettbuch 768711

Ernst Klett Verlag
Postfach 10 60 16, D-70049 Stuttgart